JN412127

서정섭 자서전

개척자의 땀

불가능을 가능으로 만든 터닝 포인트

개척자의 땀

서정섭 자서전

불가능을
가능으로 만든
터닝 포인트

서정섭 지음

청아출판사

목차

3
가장 고마운 말

4
앰플과 바이알 이야기

본 도서는 저자가 직접 집필한 원고의 생동감을 살리고자 어문 규정에 따른 수정을 최소화하였습니다. 독자 여러분의 너른 이해를 바랍니다.

1972년 상도동 장승배기 공장 ___ 직원들과 함께

1974년대 독산동 공장

1978년 현장 사진 ___ 바이알 수평 기계 (1)

1978년 현장 사진 ___ 바이알 수평 기계 (2)

1978년 현장 사진 ___ 앰플 생산 기계

1978년 현장 사진 ___ 유리관 보관

1979년 6월 남이섬 야유회

1980년 7월 인천 부평 청천동 공장

1985년 청천동 공장 앰플 생산라인

1987년 7월 ___ 바이알 수직 기계 도입 (이탈리아 SPAM1GS16)

2008년 5월 13일 —— 전국중소기업인대회 대통령 표창

2015년 11월 30일 ___ 베트남 공장 준공식

2019년 —— 원창동 공장 전경

2019년 ___ 원창동 공장 바이알 현장 사진

2023년 11월 9일 —— 명문장수기업 선정

2025년 10월 29일 —— 모교 경희대 기부

1장

아름다운 실패

1

내가 태어나기 까지 우여곡절이 있었다고 한다.
자칫 ~~빨~~ 태어나지 못할 뻔했다
충남 청양 고향에서 외삼촌(鄭00)은 대지주였
다. 반면 우리아버지는 그리 멀지 않은 다른 동네에
서 살았는데 中농 (8~9斗落 作農?)

첫 번째 터닝 포인트

내가 태어나기 전까지 우여곡절이 있었다고 한다. 자칫 태어나지 못할 뻔했다. 외삼촌은 충남 합덕평야에서 대지주였다. 반면 우리 아버지는 그리 멀지 않은 다른 동네에서 살았는데 중농(中農)이었다.

곡절 없이 한평생 사는 사람이 있겠냐마는, 나 또한 여러 곡절 중에 나를 오늘 여기 있게 한 결정적인 터닝 포인트(Turning Point)가 있다.

두 번의 아름다운 실패, 두 번의 고마운 배신

결과적으로 이렇게 아름답게 표현할 수 있어서 고마운 심정이다.

1955년, 합덕중학교(合德中學校)를 졸업한다. 그리고 당시 교육 도시로 유명했던 공주(公州)에 있는 사범학교에 진학하기로 한다. 전쟁이 끝나고 조금씩 안정되어 갈 때다. 우리 집에는 형이 두 분이 있었는데, 한 분은 제정 말기 일본군으로 징집되었고 해방이 되자 귀 끝에 총상이 있는 채 구사일생 살아 돌아왔다. 또 전쟁이 일어나니 무서웠던지, 나는 잘 모르지만 어딘가에서 철도를 보수하는 공무원으로 있다고 했다. 이분이 우리 집 호주다. 이미 결혼해서 아이가 둘 있다. 또 한 분은 20대 중반이었는데, 인민군에 끌려갈까 봐 남쪽으로 도망가서 국군에 입대했다.

우리 마을은 합덕평야라고도 한다. 서들평야라고도 부르는 평야 지대에 있다. 쌀 생산으로 유명한 당진군 합덕면 옥금리다. 다른 지역에서 부러워하는 부촌이다. 합덕방축이라는 작은 인공 호수가 있어서 당시에도 전천후 농지였기 때문이다.

조선 말엽에 만들어졌다는 합덕방축은 연꽃으로 유명해서 '연호'라고도 불렀다. 내가 소학교, 중학교에 다닐 때 연호 옆을 지났다. 5, 6월 연꽃이 필 때는 지금도 기억이 생생한 추억이다.

우리 마을 조금 옆으로 삽교천 상류가 있다. 서해의 조수가 드나든다. 만수 때면 홍수 때 한강의 반만 하다.

장관이다. 간수 때는 골짝에 물이 조금 흐를 뿐 가마득한 펄로 변한다. 이 삽교천에 제정 때 만들어졌다는 현대식 다리가 하나 있다. 이 지역을 동서(東西)로 갈라놓은 삽교천의 유일한 다리로, 당진, 서산 등 당시 서해안 쪽에서 내륙을 거쳐 가려면 건널 수밖에 없는 유일한 통로였다. '신식 다리'라고 구경 오는 사람도 있어, 요즘 말로 관광지가 되기도 했다. 이름하여 마을 이름을 딴 '구양도다리'다.

이 다리를 거쳐 뻗어 온 도로가 우리 마을 앞을 지난다. 신작로라고 불렸다. 자갈을 깔아 놓은 이 신작로야말로 서해안 쪽 곡창 지대에서 생산되는 곡식을 실어 나르는 유일한 산업 도로였다.

전쟁이 터졌다. 아름답고 여유롭고 평화롭던 이 지역도 전쟁 앞에선 속수무책으로 풍비박산이 난다. 유일한 산업 도로 신작로가 군사 도로로 바뀐다.

내가 겪은 6·25전쟁은 동족상잔이어서, 철천지원수가 되어 이웃이 인면수심 악랄한 모습의 인간으로 변하는 것을 보기도 했다. 전선이 중부 지역에서 엎치락뒤치락하는 동안 구양도다리의 운명은 풍전등화였다. 군 수송을 막기 위해, 어느 편에서는 퇴로를 막기 위해 이 다리를 끊으려 했을 수도 있다.

7월쯤인 것 같다. 논에 벼가 한참 잘 자라고 있을 때다. 우리 논의 벼 상태를 돌아보고 있었다. 이미 나는 우리 집의 주인으로 일꾼들을 지휘하여 농사를 짓고 있는 터다. 15살이었다.

비행기 소리가 들린다. 때가 때인지라 비행기는 무서운 존재다. 특히 우리 마을에선 그랬다. 서북쪽 하늘에서 우리 마을 쪽으로 날아오고 있었다. 겁먹은 시선이 비행기를 좇는다. 마을 상공을 지나자마자 비행기 배에서 알이라도 나오듯 쪼그맣고 까만 것 두 개가 나온다. 이것이 순식간에 커지며 낙하하는 소리가 쉭쉭 들리는 순간 벼락 치는 소리와 함께 나는 본능적으로 밭고랑에 엎어져 있었다. 폭탄이 터져서 놀란 건 몇 번 있지만, 비행기 배에서 쏙쏙 빠지는 광경을 보는 건 처음이었다. 우리 마을에서 다리까지는 1km 정도의 거리다.

밤에 기총 사격을 할 때는 더 무섭다. 귀가 찢어질 정도의 따탕탕 소리가 여러 번 연속된다. 집안에서 잠자던 사람들은 혼비백산하여 밖으로 튀어나온다. 당시 우리 동네는 삼밭을 가지지 않은 집이 거의 없었던 것 같다. 대마밭이다. 지금은 마약이라고 하는데, 당시는 베옷을 해 입는 원료인 삼을 생산하기 위해 재배하는 삼밭이다. 어른 두 키 정도 자란 삼밭은 울창한 숲이다. 혼비백산 튀어나온 사람들은 대부분 삼밭 속에 은신한다. 잠잠해질 때까지 쭈그리고 앉아 있는 동안 또 다른 전쟁을 해야 한다. 모기와의 전쟁이다. 삼밭은 원래 모기의 천국이다. 아이들은 발가벗은 채, 어른은 팬티나 잠옷 차림이었을 테니 모기가 얼마나 좋았겠는가? 그때를 생각하면 지금도 쓴웃음이 나온다. 전쟁 초기는 그랬다. 지나고 보니 두꺼운 초가지붕 집 안방에서 이불을 뒤집어쓰고 있는 게 가장 좋은 피난(피탄)법이란 걸 알게 되었다.

어머니는 어린 조카 둘을 딸려 형수를 친정으로 피난 보냈다. 노인 어머니와 나, 나이 든 일꾼 두 사람과 소, 이렇게 남아 난리 동안 농사를 지었다.

1955년 2월 초, 공주로 내려간다. 공주사범학교에 진학하려고 이다. 당시 공주사범학교에 들어가려면

3~4:1의 경쟁을 넘어야 했다. 합격하면 동네의 부러움을 살 만큼 자랑스러웠고, 부모는 동네 사람들에게 한턱내는 게 당연했다. 3년 후 선생님이 되어 고향 학교로 금의환향하는 모습은 후배들의 선망이기도 하던 시절이었다.

나는 여기서 낙방을 한다. 1년 전에 나의 하늘이었던 어머니가 돌아가신 터라 누가 그렇게 애절하게 생각해 줄 사람도 없다. 나도 덤덤할 뿐 낙담이나 절망감을 느끼진 않았다. 어머니가 안 계신 고향은 내 가슴과 머리에서 이미 반감되어 있었다.

공주고등학교에 들어갔다. 2:1이 조금 넘었던 것 같다. 공주고등학교는 제정 땐 공주고등보통학교였다. 충청 지역에서 역사가 제일 깊고, 많은 인물을 배출한 지역 명문 인문고등학교였다. 나는 이 학교에 만족했다.

공주 조금 변두리에 우리 형이 한 분 살고 있었다. 형도 임대 주택이라 형편이 별로 좋은 것은 아니었지만, 나는 이 집에서 학교를 다닐 수밖에 없었다. 방 하나에서 머물고, 밥은 먹여 주었다. 학비는 고향 형이 대주고, 용돈은 내가 벌어 쓴다는 각오가 되어 있었다.

이 집은 대지만은 넓어서 백여 평은 족히 될 만한 텃밭이 있고, 밭 끝에 돼지우리가 하나 있었다. 집이 크니 피난민 서너 세대가 살고 있어 여기서 나오는 음식물 찌꺼기만 가지고도 돼지 한 마리는 키울 수 있었다.

내가 이 집에 있게 되면서 텃밭 농사와 돼지 키우는 일은 오롯이 내 몫이 되었다. 내가 농사를 지으면서 중학교에 다닌 촌놈이라 이 정도 일은 문제도 아니었다. 하지만 학교에 다녀와서 공부할 시간이 부족한 게 문제였다.

장사하는 사람은 늘 바쁘다. 형수는 시내 점포를 거의 운영해서 매우 바쁜 사람이다. 내가 이 집에서 미운 존재가 되지 않으려면 가능한 한 형수를 도와드리는 수밖엔 없다. '미움받고 살지 말라'라는 어머니 교훈에 가장 가까이 있는 뜻이기도 하다.

내가 사범학교에 됐다면 내 성품으로 보아 열심히 했을 것이고, 어느 학교든 교장까지는 하지 않았을까 싶다.

어쨌든 나는 여기서 낙방함으로써 공주고등학교를 거쳐 경희대 법대에 가게 된다. 내 인생의 결정적 첫 번째 터닝 포인트였다.

두 번째 터닝 포인트

1958년 경희대학교 법대(法大)에 입학한다. 그리고 그 해 말 군에 입대해 3년을 복무한다. 당시 재학 중에 군대에 가면 '빵빵군번'을 받아 1년 반 복무하고 제대한다. 나는 그렇지 못했다. 2학기 등록을 못 하고 갔기 때문이다. 제대하고 복교한다.

중학교 진학도 2년 늦은 데다 군 복무를 3년 했으니 정상적으로 진학해서 졸업하고 군에 가는 친구들과는 5년 차이로 학교에 다녔다. '야'나 '너'가 아니고 '형' 소리를 들으며 대학 생활을 했다. 재미와 낭만 같은 대학생이 느끼는 그런 재미는 나에게 별로 없었던 것 같다. 오로지 공부와 그것을 위한 삶이 있었을 뿐이었다. 지금 생각하면 주변머리 없는 나에게 적잖은 원인이 있었던 것도 같다. 경희대학교 캠퍼스는 당시 서울에 있는 대학 중 으뜸가는 아름다운 캠퍼스였다. 임간 교실 잔디에 앉아 책 읽던 때가 지금도 내 머리를 아름답게 한다.

회기동에서 버스를 타고 중랑교(중랑천 다리)를 지나 조금 더 가면 상봉동이라는 동네가 있다. 주변이 다 논인 농촌 마을이다. 입구에 200여 평 남짓한 작은 포도밭과 주인이 살던 집이 하나 있다. 서울에 사는 어떤 분이 부동산 투자 목적으로 샀다고 하면서 나더러 들어가 살겠느냐고 한다.

그분은 나를 너무 잘 아는 분이다. 그리고 나를 신뢰하는 분이다. 군에서 제대하고 복교는 했는데 거처를 준비하지 못해서 어려웠을 때 자기 집에 와 있으면서 준비하라고 하여 몇 달 신세 진 적도 있다. 나야 물론 오케이(OK)다. 그리고 감사할 따름이었다. 학교에서 거리도 멀지 않을뿐더러 4학년이 되면서 아르바이트(가정교사)도 안 하고 작심하고 공부하려는 차제여서 여간 고마운 기회가 아닐 수 없었다. 안방과 마르(대청) 부엌을 내가 쓰니 주인 같은 모양새다. 진짜 주인은 나에게 집과 포도밭 관리만 잘해 달라고 했다. 포도 농사를 짓는 사람은 따로 있다.

나보다 나이가 네 살 아래여서 나를 깍듯이 형님 대

접하는, 공부도 잘하고 똑똑한 클래스메이트가 있다. 이 사람 또한 대학생 내내 아르바이트만 했다. 4학년이 되었으니 자기 공부를 열심히 하려고 해도 형편이 안 된다면서, 나와 함께 있을 수 있으면 해서 흔쾌히 그러기로 했다. 나보다 공부 잘하고 똑똑한 친구니 내 공부에도 도움이 됐다. 나는 모르는 게 있으면 솔직하게 물어보는 성격이어서 그도 나를 좋아했다. 나 딴엔 열심히 한다고 하지만, 너덧 살 아래 친구들과 공부로 겨룬다는 건 쉽지 않음을 새삼 느끼지 않을 수가 없다.

아무튼 이곳에 살면서 비록 자취생이지만 팔자 없는 포도밭 주인 행세도 해 보고 임시나마 전원에서 살게 된 우연한 기회에 감사하지 않을 수 없다.

건넛방에 한 세대, 문간방에 한 세대, 세 세대가 살고 있었다. 자취하면서 이분들이 김치를 담가 준다든가 하는 등의 여러 가지 도움을 주셨다. 이분들에게 고마움을 잊어서는 안 된다.

이곳에서 2년 가까이 산 것 같다. 그동안 대학을 졸업하고 사법고시도 봤지만, 친구도, 나도 낙방하고 말았다. 그는 군에 입대했고, 나는 직장을 찾아 나섰다. 시골이나 절에 가서 공부를 더 하자고 나를 열심히 설득하려는 친구가 있었다. 그는 부모님이 계셔서 공부를 더 하는 데 문제가 될 게 없지만, 나는 형편이 달랐다. 대학 졸업까지 형제들의 신세를 졌는데 더는 밥을 먹여 달라고 할 수 없었다.

솔직히 1년 더 해서 합격한다는 보장이 있는 것도 아니잖나. 그래서 나는 취직하기로 했다.

당시는 대학 졸업자도 그리 많지 않은 시절이었지만, 막상 취업하려고 하니 그도 쉽지 않았다. 대기업이라고 해 봐야 방직공장 몇 곳이 있고, 인천에 제일 큰 기업이 한국유리 정도였던 것 같다. 가장 인기 있는 곳은 은행이었다. 나도 은행에 도전했다. 그런데 나이가 많은 것과 법대를 졸업했다는 게 핸디캡이었다. 차라리 사학과나 지리학과를 나온 사람은 갈 데가 꽤 있었다.

당시 도시나 지방에서 학교가 많이 생기고 있었다. 학령 인구가 늘면서 초등학교는 학급을 늘려야 했고, 새마을 사업으로 형편이 나아지면서 초등학교를 졸업하면 거의 100% 진학하는 시대가 되었다. 따라서 여기저기에 사립, 공립 중고등학교가 설립되었다. 대학에서 중고등학교 교과목에 있는 학과를 전공한 사람은 선생님으로 많이 갔다. 법학과를 나온 사람은 사법고시에 합격하지 않는 한 별로 쓰일 데가 없다는 것도 사회에 나와 취직하려고 하면서 알게 되었다.

나도 여기저기 기웃대며 근 1년여 세월을 지내던 어느 날, 어떤 분이 나를 급히 찾는 사람이 있다고 해서 전화를 드렸다. 찾고 있었다면서 당일 자기 집에서 저녁을 하기로 했다. 만나자마자 "어데 직장이 정해졌느냐?"고 묻는다. 몇 군데 이력서를 내놓고 있지만 정해진 곳은 없다고 하니 안도하는 표정으로 다행이라고 한다.

대학생으로 시작해서 5년여 동안 서울에 살면서 아르바이트, 셋방(자취) 또는 그 외 일로 서로 인간성을 알 만큼 관계를 맺어 온 사람이 다섯 분 정도 있다. 그중에 한 분이 이분이다. 폐일언하고, 자기를 도와 함께 일하잔다. 의외일뿐더러 갑작스럽고 단호한 이분의 말씀에 나는 잠시 멍했다. 자기가 바빴을 때 나를 불러 간단한 일을 부탁한 적이 두어 번 있었기에 이번에도 그러려니 생각했던 터다. 세상을 살아간다는 것은 연속되는 인간관계의 다른 말이다. 넓은 세상에 나를 찾는 사람, 같이 일하자는 사람이 있다는 건 행복한 일이다. 그동안 내 삶, 즉 인간관계가 잘못되지 않았음을 알게 되는 기회이기도 하다.

"미움받고 살지 말라."

미움받는 사람이 되지 말라는 말은 내 어렸을 때 하늘이던 어머니의 교훈이자 유언이다. 나는 오 형제의 막내다. 세 분의 형수 아래에서 같은 나이거나 한 살 아래인 조카들과 함께 자랐다. 아마도 이 말씀의 가장 가까운 뜻은 형수들에게 미움받지 말라는 것이리라. "거짓말하지 말라."라는 말씀은 미움을 사는 가장 큰 원인이 얄미운 거짓말이란 것을 가르쳐 주시려는 뜻임을 또한 익히 알고 있는 터라, 가슴에 새겨진 지 이미 오래다.

> 미움받는 사람이 되지 말라는 말은 내 어렸을 때 하늘이던 어머니의 교훈이자 유언이다.

아무튼 나는 정직하게 살고 있다고 생각하지만, 이는 내 주관적인 것이고 객관적으로 난 얼마나 정직한가는 알 수가 없다.

이런 일이 있었다. 학교 시절 얘기다. 우리 경희대에서 하교하면 회기동 극장 앞 버스 정류장에서 버스를 탄다. 어느 날 버스를 타려는 여러 사람 속에 나도 있었다. 어쩌다 옆을 내려다보니 돈 100원짜리가 떨어져 있었다. 당시는 10원을 넣고 공중전화를 걸 때였던 것 같다. 100원짜리는 지금의 100원짜리와는 비교가 안 될 때다. 반짝반짝 빛을 내는 100원짜리 새 동전이 나를 유혹한다. 이걸 주워야 하나? 말아야 하나? 잠시 머릿속에 번뇌가 스쳐 간다. 그러나 집을 용기는 생기지 않는다. 머리가 맑아진다. 몇 초, 순간의 경험이다. 나는 옆에 서 있는 사람에게 "돈을 떨어뜨리셨는데요." 했다. 그 사람은 돈을 보는 순간 허리를 굽히면서 내 얼굴을 쳐다본다. 집어 들면서도 내 얼굴을 쳐다본다. '내 돈이 아닌데요'가 얼굴에 쓰여 있는 것 같다. 동전은 벌써 그 사람 주머니에 들어갔고, 그의 시선은 이미 먼 곳을 쳐다본다.

무서운 어머니의 교육이 아니었다면 오늘 지금의 내가 아니었을지도 모른다.

철없던 시절 조카들과 뛰어놀다 조카가 사고를 친다. 가차 없이 엄마에게 불려간다. 조카들을 세워놓고 그 앞에서 나만 회초리를 맞는다. 난 억울해서 울고불고 어머니에게 항의한다. 그날 저녁 잠자리에 들면서 어머니는 조용히 말씀해 주신다.

"너는 삼촌이니까."

이 얼마나 무서운 교육인가. 나는 자라면서 어머니의 교육을 이해했고, 그렇게 하는 것이 어머니에게 효도하는 길이라는 걸 전쟁통에 형들을 피난 보내면서 흐느끼던 어머니의 뒷모습을 보면서 대오 깨달았다. 어머니는 2년을 채 기다려 주시지 않았다. 하늘이 무너졌다. 돌아가셨을 때 두 번 졸도했다.

어머니가 돌아가신 후 좀 더 잘 모시지 못한 불효를 후회하며 어머니 생각에 울지 않은 날이 거의 없었던 것 같다. 나는 어머니가 돌아가신 후 어렸을 때도 어머니의 말씀대로 살아가는 것이 그나마 효도하는 길이라는 생각과 어머니를 내 가슴에 안고 사는 것이라고 생각했다.

이미 내 가슴에 새겨진 어머니의 교훈은 살면서 세월과 더불어 내 DNA가 되었고, 따라서 내 삶의 철학 근간이 돼 있다. 내 삶의 여정 여기저기에서 어머니 덕을 크게 보고 산다고 생각한다. 아! 어머니가 그리워진다.

세 번째 터닝 포인트

나를 찾았고 그래서 만났고, 함께 일하자는 그분의 말씀대로 같이 일하기로 했다. 이렇게 해서 그분과의 만남이 3년 후에 내 인생 항로를 바꾸는 운명적인 세 번째 터닝 포인트의 단초가 될 줄은 그때는 꿈에도 몰랐다. 나는 이분의 뜻에 따라 인수 작업에 투입됐다.

형제들이 인수했다는 회사는 제약회사였다. 형이 단독으로 인수한 회사였고, 그분은 회사의 전무로 인수인계 작업뿐 아니라 이후 경영에서 중추 역할을 한다.

제약회사의 매출은 100% 외상 매출이라는 것도 처음 알았다. 회사를 인수하면서 부동산과 동산은 실물대로 평가 합의를 매매 당사자끼리 하면 되겠지만, 외상 매출 자산은 좀 복잡해진다.

외상 매출은 동시에 채권화되면서 상대 채무자(지역 도매상 또는 약국)가 발생하고 따라서 삼자가 합의해야 하기 때문이다. 채무자, 즉 도매상이나 약국에서는 회사의 주인이 바뀌는 마당에 되는 이유, 안 되는 트집을 총동원해서 채무를 축소하려고 떼를 써 댄다. 한편 회사를 파는 쪽에서는 대금을 받아야 할 자산이 축소돼 싸움이 될 수밖에 없는 상황이 벌어진다. 여기에서 회사를 사는 쪽 또한 신중해지지 않을 수 없다. 축소되어서 나쁠 것은 없다, 인수 대금이 그만큼 줄어드니까.

그렇다고 해서 되는 이유, 안 되는 떼까지 쓰는 채무자 편에서 인계자를 압박할 수는 없다. 합의도 어려워지겠지만, 인계자는 합의하고 떠나면 그만이나 인수자, 즉 우리는 이 채무자들과 앞으로도 거래해야 하는 아주 중요한 전제가 있기 때문이다. 앞으로 공급자의 무게 있는 품위 또한 매우 중요하다고 나는 생각하고 있었다. 따라서 논리적으로나 사실적으로, 타당성을 기준으로 상식과 통념의 범위를 넘지 않은 선에서 중재안을 제시한바 이의 없이 결정할 수가 있었다.

학창 시절에도 사회적 삶이란 연속되는 사람과의 관계라는 게 내 지론이었지만, 사람과의 관계에서 이해를 조정하기란 쉽지 않다는 것도 배웠다. 특히 나를 회유하려는 사람들 사이에서 나를 지키는 것은 어려서부터 훈련된 정직 본성의 힘이 아닌가 싶다.

충청남도와 전라북도, 경기도 일부에 나가 있는 외상 매출 자산 인수가 나에게 주어진 첫 번째 임무다. 며칠 간 일을 마치고 보고서를 내는 것으로 일을 끝냈다.

사실 학교를 마치고 사회에 첫발을 디딘 나에게 주어진 일치고는 상당히 어려운 일이었다. 며칠 후 여러 지역, 여러 사람이 낸 보고서 중에서 내 보고서가 외상 매출 자산의 인수인계 기준이 되었다고 했다. 그분에게 칭찬의 말을 듣고 기분이 매우 좋았다.

경희대 법대에서 나름대로 열심히 공부해 둔 것이 밑천이 되지 않았나 하는 생각에 법대 다니길 잘했다는 생각도 해 봤다.

나는 영업부를 원했고 거기서 멋진 세일즈맨이 될 생각으로 이런저런 준비를 하고 있던 어느 날, 사장님이 나를 호출한다는 연락을 받고 갔다. 나더러 생산부로 가서 일하란다. 나는 영업을 해 보고 싶다고 했다. 지난 인수인계 작업에서 잘했다고 칭찬하면서 영업은 자네가 안 가도 할 사람이 많지만, 기강이 해이할 대로 해이해진 생산부로 보낼 마땅한 사람이 없었던 것 같다. 내 의사와는 관계없이 사장의 지시다.

공장에 내려가 보니 듣던바 예상한 대로 기강은 해이했고, 생산성 또한 최하임을 직감할 수 있었다.

1960년대 후반에 큰 마약 사건이 있었는데, 이 사건으로 사장이 구속되고 회사는 급격히 망했다고 한다. 생산직 사원을 여공이라고 부르던 시절, 사무직과는 큰 차별을 받던 시절이지만 전 사장은 이 사람들에게 잘해 줬던 것 같다.

사장이 구속되고 회사가 망한 것에 대한 아쉬움과 연민의 정이 아직 남아 있는 것이 살짝 느껴졌다. 무슨 점령군이라도 들어온 것처럼 낯설어하고 경계하는 것 같은 느낌이다. 저 사람은 대학을 나왔다는데 왜 공장으로 밀려왔을까? 실력이 없나? '빽'이 없나? 등등 웅성대는 소리를 들으며 며칠이 지났지만, 그들을 환기시킬 만한 묘안이 없다.

이 회사 시설 중에 엄청나게 큰 가마솥이 두 개 있었다. 아마도 예전엔 한약재를 달여서 어떤 약을 만들었을 것 같다. 나는 이 필요 없는 시설에 눈길이 자꾸 간다.

실은 공장에 내려오자마자 제일 먼저 해야 할 일을 발견했지만, 엄두가 안 나서 골똘히 궁리하는 중이었다. 화장실도 지금은 볼 수 없는 '푸세식' 화장실로, 아는 사람이 그리 많지 않을 것 같다. 폭이 2~3m 정도에 길이 6~7m 되는 지하 탱크를 만들고, 그 위에 30~50cm쯤 되는 화장실이 지어져 있었다. 뒤편 길에서 바로 수거할 수 있도록 꽤 큰 구멍이 허술한 판자때기로 가려져 있는 정도여서, 한겨울 찬바람이 화장실로 올라올 수밖에 없었다. 오랫동안 관리되지 않았으니 허술하기 짝이 없다.

내가 공장으로 발령받아 내려온 때가 12월 중순 한겨울이었다. 문을 열어 본즉 말로 표현하기 힘들 정도의 상황이었다. 밑에서부터 꽝꽝 얼어 올라온 놈 때문에 정상적으로 앉을 수가 없으니 이 옆으로 저 옆으로 가능한 곳이면 거의 그 무더기가 얼어붙어 있었다.

혹시 이 글을 읽는 사람이 있다면 상상이나 할 수 있을까?

망해 버린 회사에서 내일을 기약할 수 없는 나날을 보내면서 기강이 해이할 대로 해이해진 인간의 집단이 이렇게 후진될 수도 있구나! 이런 현실을 보면서 연민과

책망을 함께하지 않을 수가 없다.

폐일언하고, 해결책을 강구해야 한다. 마침 나이 지긋한 수위 두 사람이 있었다. 한 사람은 금요일 퇴근길에 근처 식당에서 곰탕과 막걸리를 함께하면서, 일요일이지만 회사에 나와서 좀 도와주겠냐고 했더니 흔쾌히 자기가 할 수 있는 일이라면 어떤 일이든 하겠다고 약속했다. 실은 내가 이들의 직속 상사이기도 했다.

또 한 사람은 토요일 퇴근길에 곰탕과 막걸리를 대접하며 도움을 요청한바, 서 계장님의 일이라면 어떤 일이든 도와드리겠다고 했다.

나는 고맙다는 말과 함께 작업 지시를 한다. 토요일 저녁부터 빈 가마솥에 물을 가득 채우고 끓이라고 했더니 자꾸 이유를 묻는다. 이유 불문이라고 약속하지 않았냐? "일요일이면 안다."가 내 대답이었다. 굉장히 궁금한 모양이지만 나는 말해 줄 수가 없었다. 회사를 인수한 쪽에서 공장에 부임한 첫 번째 간부이고 대학을 나왔다는 사람이 오자마자 더러운 화장실을 직접 청소한다는 것은 누구도 생각은 고사하고 상상도 못 할 일이고, 나 또한 체면이 있어서 절대 사전에 말해 줄 수는 없었다. 발 없는 말 천 리 간다는 속담이 있다.

일요일이 되었다. 일찍 출근하니 두 사람 먼저 와 있었다. 준비는 다 되어 있었다. 일을 시작하기 전 말했다.

"두 분 철저히 지켜야 할 약속을 해야겠습니다. 지금부터 변소 청소를 합니다."

"오늘 일은 두 분이 한 겁니다."

"나는 여기 없습니다. 철저히 지켜 주기 바랍니다."

사장님이 물어도 지켜 달라고 부탁하고, 준비된 양동이에 물을 채워 내가 앞장을 섰다. 괭이나 삽으로 뜨거운 물을 부으며 화장실 하나를 깨끗에 청소했다. 뜨거운 물 네댓 동이면 충분했다. 일이 어려운 게 아니고 더럽다는 생각이 문제였다. 불과 세 시간 만에 다섯 개의 화장실이 깨끗해졌다.

점심엔 짜장면과 막걸리로 흐뭇한 식사가 되었다. "화장실 청소합니다."라는 말에 화들짝 놀라던 두 사람의 얼굴에 흐뭇한 미소가 흐르고 있었다. 두 사람은 살다가 기가 막힌 사람을 보았다고 탄복하며 나를 칭찬한다. 비밀을 지켜 주라고 거듭 부탁하며 나는 자리를 떴다.

다음 날 출근을 한다. 월요일이다. 작업복으로 갈아입

고 화장실이 있는 공장 마당으로 갔다. 시작 20분 전쯤이라 웃음소리가 여기저기서 들린다. 옛날 회사 여사원들은 모두 미혼 여성들이었다. 생산직 여사원(당시 여공)들은 대부분 시골에서 올라온 20대 전후로 한창 예쁠 때다. 하지만 며칠 전 처음 본 그들은 회사가 망한 마당이니 시무룩한 얼굴에 원인 모를 슬픔까지 머금은 듯 무거운 표정이었는데, 손뼉을 치며 크게 웃는 오늘 아침의 모습을 보면서 나 또한 무엇인가 깨닫는 느낌을 받았고 유쾌한 기분으로 전환됨을 느꼈다.

이 일을 계기로 그들과 나 사이의 두꺼운 장벽이 일거에 깨지는 느낌이었다.

인간의 삶 속에서 화장실의 효과가 이렇게 큰 줄은 이전엔 미처 몰랐다. 너무나 당연한 논리다. 인간의 절박한 문제를 해결하는 곳이라는 사실을 경험적으로 확인한 것뿐이다.

이후 나는 화장실에 대한 개념을 달리하게 되었다. 청결의 척도를 화장실 기준으로 한다. 수위 영감들의 입이 간지러웠는지 불과 며칠 못 가서 비밀 약속이 깨진다. 내가 했다는 사실이 알려지면서 다시 한번 사람들은 놀란다.

회사를 인수한 지 두 달여쯤 되는 때인 것 같다. 본사는 경영, 관리팀이 새로운 사람들로 거의 바뀌었지만, 공장은 그렇게 될 수가 없다. 기술과 기능자들로 구성되었을 뿐만 아니라, 약을 만들어 낸다는 것은 화학적, 물리적으로 경험과 노하우가 절대로 필요하기 때문이다. 공장장, 부장, 과장, 주임까지 이미 구성되어 있는 조직에 관리 주임이라는 낮은 직으로 보내놓고 사장은 나를 주시했던 것 같다. 이 일이 있고 얼마 안 되어 나를 과장으로 진급시킨다.

이렇게 해서 나는 2년 8개월 이 회사에 봉직하는 동안 이름 대신 서 과장으로, 이 사람도 저 사람도 찾는 만능 서 과장으로 열심히 일한다. 나는 이미 정해진 급료나 직급에 대해선 별 관념이 없다. 다만 나에게 주어지는 일이 내 일이든 남의 일이든, 일단 나에게 주어진 이상 매우 열심히 한다. 그렇게 하면서 나는 얼마나 일을 잘 해내는 능력이 있는지 스스로 테스트하며 평가해 본다. 이게 살아가면서 내가 일하는 스타일이 되었다.

회사 내에서나 외부에서 자주 드나드는 사람(주로

납품업체) 중에 내가 일하는 모습을 관심 있게 본 어떤 사람은 "저 사람은 이 회사를 위해서 태어난 사람 같다."라고 했다는 말도 들었다.

생산이 판매를 따라가기 어려울 정도로 잘 팔린다. 밤 10시까지 잔업을 하는 게 거의 일상이 되었다. 당시만 해도 쌀밥 먹고 살기가 어려울 때여서 매일 우동이나 짜장으로 저녁을 먹으며 일을 하고 있었다. 화장실 사건으로 이들과 나의 거리가 없어졌을 즈음이다. 약을 생산하는 과정에서 마지막이 포장 작업이다. 완전 수동으로 같은 동작을 반복한다. 100정씩 병에 담는 작업, 마개를 닫는 작업, 라벨을 붙이는 작업 등이어서 여기서 완성되는 양이 총생산량이 된다. 나는 이쯤에서 생산량, 즉 수율을 올리는 방법에 관해 골똘히 생각하고 있었다.

이들이 손동작을 분당 10번에서 15번까지 할 수 있다면 50% 증가하는 것이고, 세 번만 더 한다고 해도 30%가 증가하는 것이다. 내 생각건대 분명 더 할 수 있다. 그러나 얼마나 더 할 수 있을지는 나도 모른다. 더 하고 안 하고는 작업자의 의지에 달려 있을 뿐 강요할 수는 없는 것이 아닌가? 나는 일을 하게 하는 사람이지 시키는 사람은 아니라 어떻게 하면 저들의 의지를 발동하게 할 수 있을지 궁리하고 있던 차, 반장이 나한테 업무상의 정식 면담을 요청한다. 전체 동의가 있었던 것 같다. 그동안 몇 번 요구해 봤지만, 재정상의 문제라며 경리부에서 'NO' 했던 것 같다.

보리밥이라도 시골에서 밥을 먹고 자란 사람들이라 밀가루에 질렸으니 밥 좀 먹게 해 달라는 것이다.

나는 이 말을 듣는 순간 가슴에 짠한 느낌을 받는다. 이는 사람 삶의 기본을 요구하는 것인데 이를 놓고 따지고 계산해 보고 조건을 달고 한다는 것이 좀 씁쓸하지만, 이거야말로 내가 꼭 해내야 하는 일이라는 생각에 '해 보겠다'가 아니고 '하겠다'라고 대답해 주고 치밀한 계획에 들어간다.

당시 일반적으로 먹던 밥은 보리와 쌀이 반반이었다. 25% 정도 추가 경비가 필요했고, 조달은 가까운 식당에서 할 수 있었다.

나는 준비된 계획 보고서를 들고 예정대로 사장실에

서 전무와 사장에게 보고하고 논의한다. 요지는 사람 삶의 기본 조건이므로 안 들어줄 수 없다는 것과 그들에겐 미안하지만 20% 증산 조건인 만큼 생산이 달리는 마당에 이해를 따져도 회사의 이익이니 이는 반드시 들어줘야 한다는 것이었다.

내 결기에 찬 보고에 두 분은 별말씀이 없다. 다만 20%는 꼭 지키라는 것뿐이었다. 사실 나는 이게 거절되면 생산 과장을 그만둘 생각이었다.

이후 야근(저녁 10시까지)하는 사람들(대부분 여공)이 밥을 먹게 되었고, 나도 총각 때인지라 먹고 퇴근하는 날이 많았다. 먹기 싫은 면에서 먹고 싶던 밥으로 바뀐 것뿐인데 그들의 얼굴엔 화색이 만면했고 침울했던 모습이 밝고 활달한 긍정적인 모습으로 바뀌었음을 나는 실감한다.

작업 또한 밝은 모습에 열심히 하는 분위기로 바뀌었다.

이런 경험을 하면서 나도 조용히 작은 감동을 느낀다. 이런 게 일을 하는 거구나!

작업 능률 20% 약속이었지만, 40% 가까이 올라갔다.

사장이 매우 좋아한다. 30% 업(UP)된 생산 능률을 앞으로의 생산 기준치로 정하기로 했고, 이후 아무 무리 없이 진행됐다.

나는 어느덧 회사에선 만능 서 과장으로, 생산직 사원들 사이에선 존중받는 사람이 되었다. 나는 규칙에 매우 엄격했다. 나한테 야단을 맞는 사람도 내가 좋단다. 내가 자기들의 (약자) 든든한 '빽'이라고 생각하는 것 같다. 열심히 일하면 바쁠 수밖에 없다.

이렇게 몇 달 지난 것 같다. 1층에 있는 포장실의 능률이 40% 정도 올라가니 2층에 있는 기계로 정제를 찍어내는 타정실, 당의를 입히는 코팅실, 액체나 시럽제를 만드는 혼합실이 바빠지게 됐다. 대부분 반자동이긴 하지만 기계로 하는 작업이다. 그런데 가동 시간이 늘어난 기계들의 고장이 잦아진다. 내 하루의 반은 이 기계들 사이를 누비며 기계를 관찰하고 담당자의 이야기를 듣는 일이다.

기계가 고장 나면 그 기계를 만들어 판 회사에 전화해서 고치거나, 청계천에 가서 똑같이 깎아 만들거나 사다고치는 것 외에 다른 방법이 없다. 하루이틀 쉬는 게 보통이다. 담당자도 다른 방법이 없다. 이게 며칠이나 몇 주에 한 번씩 생기는 일이 아니라 기계 대수가 20여 대는 됐던 것 같으니 하루이틀에 한두 번씩이 다반사였다.

나는 이미 이 문제에 대해 골똘히 궁리하고 있었다. 관계자들은 다른 방법이 없는 게 방법이라는 식의 태도가 오래된 것 같다. 기계를 모르는 나는 매우 어려운 일에 봉착하게 된 것이다. 내가 알고 있는 것은 기계랄 것도 없이 농촌에서 새끼 꼬는 새끼틀, 가마 짜는 가마틀, 소가 끄는 논 가는 쟁기 등. 그나마 기계 같은 것은 발동기가 있다. 발동기는 요즘 말로 하면 1기통 내연기관이다. 피대(벨트)를 걸어 탈곡기를 돌리거나 양수기를 돌려 논에 물을 퍼 넣는다. 엔진의 원시형이라고 하면 될 것 같다.

'어떻게 하면 고장 빈도를 줄이고, 되도록 빨리 고칠 수 있을까?'가 내 골몰의 핵심이다. 나는 기계적 지식은 없다. 다만 상식은 있다. 문제가 있다, 문제를 해결하려면 발생 원인을 알아야 한다는 누구나 다 아는 상식이다. 하지만 원인을 분석하는 방법은 사람에 따라 다를 수 있다.

제일 문제가 되는 건 타정기였다. 약 대부분이 정제(錠劑)여서 공장에서 가장 바쁜 작업장이었다. 기계 고장으로 생산이 미달이면 야근을 해야 하는데 정제를 찍을 때의 상당한 압력 때문에 쿵쾅하는 소음이 상당하다. 주변 주택에 피해를 유발한다. 옛날 호랑이 담배 피던 시절이니 좀 하기는 하지만 안 해야 하는 게 맞다.

그래서 기계 고장으로 인한 생산 차질은 시급히 해결하지 않으면 안 되는 문제다. 판매는 계속 증가한다. 압력이 점점 커진다.

실무자들에게 고장의 기록을 좀 더 구체적으로 기록하게 한다. 오늘 고장이 아니라 몇 시에 고장, 몇 시에 재가동, 고장 부위도 구체적으로 기록한다. 기술자가 아닌 내가 그 부위를 확실히 알 수 있도록 기록한다. 파악이 잘 안 되면 나는 직접 가서 파악될 때까지 설명을 듣는다. 집에 가서도 기계 구조를 되씹어 본다. 이렇게 두어 달 했다. 5년 했다는 담당보다 내가 더 잘 알게 됐다.

기계회사에서도 내가 고장 설명을 하면 핵심을 파악하고 부품을 가지고 와서 바로 고친다. 고치는 시간을 줄인다. 출장을 통해 핵심을 알고 부품을 가지고 와서 고치던 시간이 반으로 줄어들었다.

3개월쯤 지나서 그동안 열심히 기록한 자료를 나름대로 정리해 봤다. 여기서 아주 특정한 작은 부속 하나가 가장 고장을 많이 일으킨다는 게 발견되었다. 발견했을 뿐이지 왜 그런지는 내가 알 수 없는 분야다. 기계회사 사장에게 이 자료를 주었다. 다음 날 전화로 나를 꼭 만나야겠단다. 퇴근 후 갔다. 만나자마자 내 손을 잡고 흔들며 감사하다, 고맙다 소리를 열 번도 더 한다.

이로 인해 일어나는 고장이 자기네 기계의 단점이 되면서 판매 경쟁에서 곤욕을 치르는 중이란다.

제약회사가 100여 개 될 거라는 얘기도 이 사람한테 처음 듣고 놀랐다. 이 타정기를 쓰는 회사도 20여 개가 된단다. 큰 회사들이란다. 이런 자료를 받아 본 것도 처음이고 자기 같은 기술자가 보면 단번에 알 수 있게 콕 집어 주었다며, 나에게 기계를 공부했느냔다. 그 부분의 설계가 미세하게 잘못되어 부하가 가중되면서 고장의 원인이 되었음을 찾았다는 것이다.

그날 저녁 먹어 보지도 못한 코스 요리로 대접받은 것

은 불문가지다.

입사한 지 1년쯤 되어 갈 때 나는 계절에 따라 더해지는 계절 제품의 생산 문제나 발생하리라 예상했던, 또는 예상치 못했던 문제들을 해결해 나가면서 연습이 아닌 실습으로 코스를 완주한 기분이다.

일에 대한 두려움은 이미 없고 일에 대한 자신감이 생기는 것 같았다.

나는 일하면서 대가를 생각한다든가, 누가 알아주든 말든 그런 생각은 하지 않는다. 일을 잘 끝내고 느끼는 자신의 쾌감, 잘 안 될 땐 더욱 집착하는 게 내가 일하는 스타일이다.

이쯤 되어서 "저 사람은 이 회사를 위해서 태어난 사람 같다."라는 둥 "미련한 사람"이라는 말까지도 가끔 들었다.

축 늘어진 사람의 무게가 얼마나 무거운지 아마 경험해 본 사람은 그리 많지 않을 것 같다.

1969년 겨울쯤이었던 것 같다. 당시 창신동 산꼭대기는 판잣집 등 작은 집이 다닥다닥 붙어 있는 동네였다.

경제적으로 좀 어려운 사람들이 사는 동네다. 방값이 싸서인지 시골에서 올라온 우리 회사 생산직 여사원이 이 동네에서 세를 들어 살고 있었다. 당시엔 겨울만 되면 연탄가스 중독사고가 비일비재했다. 나도 한번 혼쭐난 적이 있다.

한밤중에 전화가 왔다. 집주인이 회사로 전화했는데, 수위가 받아 나한테 전화를 한 것이다. 참으로 난감했다. 당시는 통행금지가 있어서 한밤중에 다닐 수가 없다.

하지만 나는 이미 옷을 주워 입고 있다. 어쩌자는 걸까? 윗사람에게 보고하면 틀림없이 핀잔을 먹을 거다. 자기 집에서 생긴 일, 한밤중 엄중한 통행금지하에 어쩌자는 거냐? 책임 없다고 할 거다.

책임 같은 건 생각할 겨를이 없다. 거의 본능적으로 나는 이미 대문을 나서 파출소를 향해 걸어가고 있었다. 걸어서 출퇴근하는 도중에 있는 파출소다. 퇴근길에 가끔 들려 사서 가지고 간 군고구마를 연탄난로 위 따끈한 보리차와 함께 먹으며 담소도 나누곤 하여 평소 이들과 잘 사귀어져 있었다. 목적이나 어떤 저의가 있어서가 아니다. 다만 '유비무환'이라는 삶의 철학 위에 살아가는 내 일상적 삶의 스타일일 뿐이다.

깜짝 놀란다. 이 밤중에 파출소엔 웬일이냐고 한다. 내 부하 직원 한 사람이 생명이 위태로운 상황을 설명하고, 나를 그곳에 데려다 달라고 부탁한다. 당시엔 연탄가스 중독으로 생명을 잃은 사고가 빈번한 때라 두말없이 도와주겠다며 순찰용 백 오토바이 뒤에 나를 태우고 달린다.

십여 분 만에 도착한다. 아니나 다를까? 매일 포장실에서 보던 우리 사원이다. 20대 초반 나이의 꽤 덩치가 있는 처녀다. 의식을 잃고 널브러져 있다. 날 태워 간 순경과 주인의 도움을 받아 등에 업는다. 큰길까지 내려가야 병원이 있다. 당시에는 2층에 살며 1층이 병원인 데가 많았다. 업고 비탈길을 정신없이 내달린다. 자는 의사를 깨워 치료한다. 그리고 나는 병원 바닥에 주저앉고 말았다. 이틀 뒤 회사에서 나를 본 그녀는 얼굴이 발개졌다. 순진한 시골 처녀의 예쁜 모습이다. 아마 그 사람은 내 등의 따뜻함을 오래 간직했을지도 모른다.

이 회사에 근무한 지도 2년 가까이 되었을 즈음인 것 같다. 사장님 전화다.

"내 여덟 시(오후)에 갈 테니 내 방으로 와라."

집에 갔다 오기도 그렇고, 간단히 저녁을 때우고 기다리고 있었다. 나와 둘이다.

"서 과장."

"예."

"내가 이걸 좀 하려고 하는데 자네 생각은 어떤가?"

"좋은 생각이십니다."

"문제는 없나?"

"이런저런 몇 가지 문제가 있을 것 같습니다."

"나도 그렇게 생각하네."

내가 소신 있는 문제는 즉석에서 말씀드리지만, 다른 것은 나도 공부해서 보고드린다.

하고 있는 일이 잘 안 될 때 나를 부르기도 한다. 방법은 같다. 그래도 저녁 한번 얻어먹어 본 적 없다. 저녁은 먹었느냐? 물어본 적도 없던 것 같다. 요즘 말로 하면 사장은 나를 자기 '브레인'으로 쓰고 있는 게 아니었을까 싶다. 내가 말단 과장이니 비밀스럽게 하지 않을 수 없었을 거다.

아무튼 나는 사장이 나를 매우 신뢰한다고 생각했고,

따라서 나는 내가 있는 한 이 회사의 발전과 미래에 대한 포괄적 생각과 노력을 하고 있었다. 하지만 말단 과장으로서의 처신에 신중했고 그래서 중역들도 나를 좋아했다.

하지만 꼬리가 길면 밟히는 법. 저녁에 다시 들어오는 사장, 퇴근하지 않는 서 과장. 수위들은 다 알고 있었다. 일에 대해 너무 잘 알고 일을 시키는 사장이 중역들에겐 버거웠을지도 모른다.

내가 일하는 모습을 못마땅해하는 사람이 있었다. 사장의 최측근 집안이다. 사장 가족이 모인 자리에서 "너는 왜 아무개만큼 못 하느냐?"라고 핀잔을 먹었다고 한다. 내가 들어도 듣기 싫은 소리다. 그는 나와 동갑이고, 서울에 있는 좋은 대학을 나온 사람이다. 그래도 나는 그 사람과 사내에서 가장 가까운 친구다. 어쩌면 그 사람 눈엔 내가 고생을 자초하는 미련한 친구로 보였던 모양이다. '죽으면 썩을 살을 아껴서 무엇하랴'라는 시의 한 구절이 있다. 이는 늙은 사람이 하는 말이고, '안 쓰면 녹슬 능력을 아껴서 무엇하랴 갈고 닦으면 빛날 것을'로 바꿔 말하겠다.

예나 지금이나 세월이 빠르기는 마찬가지여서 내가 이 회사에서 일한 지도 어언 2년 하고도 몇 달 지났을 때쯤이었던 것 같다.

많은 제약회사 중 우리 회사는 중상(中上) 정도였던 것 같다.

2년여 약을 만드는 일을 하며 약에 대한 전문성과 특수성을 공부하면서 이를 차원 높게 실현하는 회사가 좋은 제약회사고 발전하는 회사가 될 수 있다는 강한 인식을 갖는다. 그런데 우리 회사는 인수한 지 2년여 만에 그렇게 장사가 잘됐음에도 달라진 게 없다. 그래서 나는 다른 회사가 어떤지 궁금했고, 당시 우리나라에서 가장 좋은 제약회사로 알려진 한독약품에 가 볼 궁리를 한다.

한독은 독일의 세계적인 제약회사 획스트(Hoechst)가 투자해서 공장과 시설은 물론, 환경 특히 정원이 아름답기로 유명한 회사였다. 당시 우리나라는 산업화되기 전이어서 외국에서 오는 국가 손님에게 보여 줄 만한 변변한 산업 시설이 없었을 때, 그러니까 1966년도쯤 되는 것 같다. 몇 개 보여 주는 산업 시설 중 한독약품도 하나였다고 한다.

지금 이 글을 쓰며 격세지감을 느끼지 않을 수가 없다. 그리고 오늘을 이루어 낸 우리는 위대한 민족임을 나는 자긍한다. 산업화라는 시대를 혼신을 다해 살아온 나 또한 자부한다. 오늘 이뤄낸 산업화가 큰 동아줄이라고 하면, 가늘지만 그 속의 한 가닥이 분명 나였다는 사실에 자부하며 산다.

젊은이들이여, 선배의 노고를 인정하며 열심히 살기 바란다.

궁하면 통한다고 했던가.

나는 납품업체와 이를 상의한다. 당시 약을 포장하는데 가장 많이 쓰는 것은 유리병이었다. 납품 품목 중에서 볼륨이 가장 크다. 이 업체와 상의하기로 한다. 이 업체는 한독에 가장 많이 납품한다고 한다.

우리도 그렇지만, 당시 대부분 1층이 창고고, 2층 이상이 공장이었다. 한독도 그랬다. 플라스틱이 없던 시절이라 정제든, 액체든 약을 담는 용기는 유리병밖에 없었으니 제약용으로 사용되는 것만도 엄청난 수량이었다.

납품은 1층 창고에 입고하는 게 보통이지만, 2층 세

병장까지 갔다 달라고 하는 경우도 적지 않다고 한다. 이게 바로 나한테 필요한 기회다. 포장실이 2층에 있기 때문이다.

이 유리회사의 작업복을 얻어 입고 납품을 간다. 새끼줄로 동여매여 있는 병 몇 짝을 등에 지고 2층 세병실에 놓는다. 아무도 나를 보는 사람이 없다. 포장실 근처를 서성이며 열심히 보고 있는데 뒤에서 누가 "여보쇼, 당신 누구요?" 한다. 놀라 돌아보며 "세병실까지 병 납품 왔는데 하도 공장이 깨끗하고 좋아서 구경 좀 하려고요. 저의 유리공장에선 상상도 못 할 만큼 좋습니다. 좀 안 될까요?" 했다.

그 사람은 내가 입은 작업복을 보고 병 공장 이름을 확인하더니 "안에 들어가면 안 되고요, 복도에서만 보쇼!" 하고 간다.

나는 유심히 몇 개 작업실을 본다. 상상을 훨씬 뛰어넘는 현실을 보면서 나는 경이로움을 느꼈다. 우리는 이에 비교할 수도 없다.

나무판자로 만든 작업대는 서로 다른 색깔의 약이 묻어서 얼룩이 된 지 오래된 것 같은 것과 스테인리스로 만들어진 깨끗한 작업대의 한가운데를 흐르는 컨베이어벨트가 있는 것과는 비교가 되지 않는 건 당연하다. 서울이라는 같은 역내에서도 이렇게 선진과 후진의 차이가 있음을 절실히 느끼면서 차제에 많이 공부하게 된다.

이후 나는 일상 바쁘게 일하면서도 머리와 가슴에서 생각과 열정이 점점 더해 감을 느낀다. 내가 있는 한 이 회사는 발전해야 한다는 기본자세 위에서다. 시키지 않은 일이지만 어렵사리 스스로 공부한 것도 내가 몸담고 있는 이 회사를 위한 것이 아니었던가?

나는 며칠을 생각한 끝에 사장님께 보고하기로 작심한다. 이는 투자에 관한 일이어서 사주인 사장이 결심하지 않고는 될 수 없는 일이기 때문이다.

며칠 쓰고 지우고 한 끝에 완성한 리포트를 사장실 책상의 결재판 밑에 아무도 모르게 넣어놓고 사장님께 전화로 읽어 보시라고 말씀드렸다.

그것도 한 이틀 뒤에 읽어 본 모양이다. 난데없이 사장 집으로 중역 회의를 소집했다고 한다. 그리고 노발대발했고, 이거 큰일 났다, 내가 호랑이 새끼를 기르고 있었다고 하며 걱정했다고 한다. 며칠 뒤 나에게 말해 준 사람은 앞에서 말한 비웃음인지, 충고인지를 해 주던 사장의 최측근이었다.

그 사람 말이다.

"서 과장 당신 사장에게 장문의 편지 써드렸다며?"

듣는 순간 깜짝 놀랐다.

"그걸 당신이 어떻게 알아."

왜 쓸데없는 짓을 해서 소란을 피우느냐고 핀잔이다.

그날 비상 중역 회의는 나(서 과장)를 어떻게 해야 하나? 앞으로 우려했던 일이 벌어지면 어떻게 대처할 건가였다고 한다.

나는 도무지 이해할 수가 없었다. 장문이라고 해 봐야 네댓 쪽 정도였던 것 같다. 나도 처음 보는 것으로 흐르는 컨베이어에 실려 오는 일을 바쁠 정도로 처리하는 모습을 눈으로 보면서 생각하고 느낀 것이지만, 한 다리 건너 듣는 사장님의 이해를 돕기 위해 더 구체적으로 묘사하다 보니 좀 장문의 글이 되었던 것 같다.

사장 측근이라는 친구는 내 글을 읽어 보진 못했고 회의 분위기만 나에게 귀띔해 주었다.

말인즉 "글쎄요, 그럴 수도 있죠. 그러면 큰일이죠." 하는 사람. "저는 잘 모르겠는데요." 하는 사람. "절대 그럴 애가 아닙니다. 한번 만나 보겠습니다." 하는 사람. 너덧 명이었겠지만, 이 세 부류였던 것으로 들었다.

절대 그럴 애가 아니라고 했다는 사람이 나를 이 회사로 끌고 들어온 사람이다.

사안이 그렇게 됐다는 말을 들은 이상, 바쁘면서도 손에 일이 잡히지 않는다.

"그럴 수도 있죠. 그러면 큰일이죠."

그럴 일이 무엇인지? 나는 도무지 알 수 없이 며칠이 지난다.

그러나 나는 이미 분명하게 느끼고 있었다. 사장이 나를 불신하는구나!

3일째 되던 날 모든 걸 알게 됐다. 참으로 어이없는 일이다. 내 리포트를 보고 그런 생각을 하다니? 정말 엉뚱하기 짝이 없다.

하기야 당시는 세금 내야 할 사람치고 탈세 안 하는 사람이 거의 없던 시절이긴 하다. 생각해 보면 제도 미비에서 오는 사회 일반적 오류였다고 나는 생각한다.

아마도 우리 사장님은 그동안 자라 보고 놀란 적이 한 번인지, 몇 번인지는 모르지만 있었던 것 같다. 그래서 솥뚜껑 보고 가슴을 쓸어내릴 만큼 미리 놀라지 않았나 싶다.

회사 탈세 업무를 수행했던 사원, 즉 탈세를 구체적으로 아는 사원이 회사를 그만두는 마당에 장부를 가지고 나가 사장에게 담판을 요구해서 돈을 뜯어내기도 하고, 세무 당국에 고발하는 일도 꽤 있었다고 한다.

하지만 나는 이 회사에서 처음 사회 경험을 하는 사람으로, 그런 일에 처해서 알기는커녕 들어 보지도 못한 사람이었다.

내 리포트의 어느 대목을 보고 사장님이 그렇게 놀라고 의심했을까? 생각해 보니 마지막 결론 대목이었을 것 같다.

"존경하는 사장님, 우리 회사도 일류가 되어야 하지 않겠습니까? 막대한 자금이 소요되는 사안입니다. 투철한 사장님의 경영 철학으로 과감한 재투자의 결기를 보여 주시기를 바라며, 따라서 저희는 우리 회사를 일류 회사로 만드는 데 있는 힘을 다할 것입니다. 감사합니다."

'재투자'라는 말이 사장의 역린을 건드렸을 것 같다.

사실 이 말은 나도 작심하고 한 말이다. 시설을 개선하려고 경리부장과 많이 싸웠다. 논리적으로 들이대는 내 말에 사장 집안 사위인 경리부장이 화를 냈다.

"수금하면 사장이 집으로 다 가지고 간다. 나도 내가 필요한 걸 요청해서 집행한다. 나한테 졸라 대지 말고 당신이 필요한 건 사장한테 직접 얘기해라. 사장 집에 내 금고보다 더 큰 금고가 있다."

아마도 사장의 스타일에 쌓였던 불만이 나를 계기로 분출한 것 같다.

"아, 그러면 그렇다고 말씀하시면 되지 왜 화를 내세요!"

웃으면서 말했고, 그도 웃었다.

탈세는 무턱대고 하는 게 아니다. 원료, 자재를 살 때부터 거의 계획된다. 근거 자료 없이 사고, 팔 때 또한 근거 자료 없이 판다. 하고 싶지 않다고 해서 안 할 수가 없다. 상대방(병원, 약국 도매상)이 요구하기 때문이다. 당시는 대부분 그랬다.

한참 뒤 내가 사업을 하면서 이 문제로 곤욕을 치른

적이 여러 번 있다. 1980~90년대였던 것 같다. 상대방이 자료 없이 만들어 달란다. 부가가치세법이 시퍼런데도 말이다. 안 해 주는 게 아니라 못 해 주는 거다. 그래서 몇 군데 거래가 끊겼던 때도 있었다. 지금 생각하면 이것도 옛날이야기다.

본론으로 가서, 당시 생산, 관리, 구매까지 과장 셋을 사장이 키워 줬고, 유자료 무자료를 구매에서 출하까지 내가 다 하고 있었다. 본사에서 수량을 받으면 구매, 생산, 출하까지를 나 혼자 컨트롤하고 있었으니, 비상 중역 회의에서 사장이 '호랑이 새끼를 모르고 키웠다'라고 했다는 말은 이를 두고 한 말이었을 게다.

우리 사장님은 모두 퇴근한 저녁에 나를 불러 자기가 하려는 일에 대해 내 생각도 물어보고, 진행상 생길 수 있는 문제점에 대한 내 생각과 해결 방법 등에 대해 상의하고, 외부 자료가 필요하면 나에게 지시하기도 한다.

사안에 대해 이미 준비된 지식을 가지고 있는 사장이 중역 회의를 하거나 또는 중역과 대화하면 중역들이 절절매는 경우가 많았다고 한다. 갑자기 똑똑해진 사장에 대해 궁금해했는데 비밀이 그리 오래가진 못했다.

이런저런 상황으로 보아 사장이 나를 불신하리라곤 생각도 못 했기에 '지피지기'의 심정으로 과감한 리포트를 내게 됐던 것이다.

내가 있는 한 우리 회사는 일류가 되어야 한다는 기본자세 위에 이 회사를 위해 태어난 사람 같다는 칭찬인지 비아냥인지를 듣던 내 열정 또한 여기서 멈춰질 줄이야! 더하여 이 리포트가 내 일생일대의 운명적 터닝 포인트, 즉 세 번째 변곡점의 단초가 될 줄이야 꿈엔들 짐작이나 했겠나!

이후 한 3개월 지나면서 나는 많은 걸 느끼고 일도 많이 한다. 우선 나 자신을 정리하기로 한다. 이 회사가 발전하려면 사장이 변해야 한다. 열심히 해 봤지만 내 힘으로는 한계가 있음을 깨닫는다. 나보다 나은 사람이 요구된다고 결론 내리고 이 회사를 떠날 준비를 한다. 비상 중역 회의 이후 사장이든, 전무든 누구도 나에게 이야기가 전혀 없다. 나를 만나도 조금도 다른 표정이 없다. 비밀 회의였으니 굳이 재론하지 않겠다는 게 내 눈엔 보인다. 비로소 내 존재를 확인하게 됐는지도 모른다. 내가 없다면 생기는 일의 공백이 너무 크다는 것도 알았을 것 같다. 그저 주면 주는 대로 다 해냈으니 부려 먹기 좋은 놈 정도 생각했는지도 모른다.

제가 너무 일이 많으니 구매과장 하나를 떼어 달라고 요구한다. 사장 몇 촌 동생을 지명하며 달라고 하니 사장이 만면에 희색을 보이며 "개면 되겠느냐?"라고 한다. 이미 교육시키고 있다고 하니 더욱 좋아한다.

두 달쯤 되었을 때였던 것 같다. 열정적으로 일할 땐 이렇게 어려운 걸 느끼지 못했다. 그러나 지금 같은 양의 업무를 하는데 이렇게 힘들 수가 없다. 내가 일을 이렇게 많이 하는 줄도 몰랐다. 같은 일을 하고 있는데 감당하기 어려울 만큼 힘들어서 지쳐 가고 있었던 것 같다. 2층 계단을 오르는데 숨이 차는 걸 느낀다. 그래도 난 내 기초체력을 믿기에 기분상이겠지 했다. 며칠 지나며 점점 더해 간다.

회사 동료 한 사람과 근처 가장 큰 식당에서 점심으로 설렁탕 한 그릇씩 잘 먹고 나오면서 숨 차는 얘기를 했더니 그 사람 "아! 그럼 병원엘 가 봐야지." 한다. 마침 병원 앞을 지나고 있기에 2층 병원에 들어간다. 맨날 이 앞을 지나다녔지만, 진료를 받긴 처음이다. 연세가 지긋하신 원장님이다. 청진기를 내 가슴에 이리저리 대 보다 말고 눈을 크게 뜨며 내 뒤에 서 있는 동료에게 "이 사람 지금 어디서 오는 거요?" 한다.

"점심 먹고 오는 길입니다."

"뭘 얼마나 먹었소."

"설렁탕 한 그릇씩 먹었습니다."

"이 사람도 한 그릇 다 먹었다고요?"

고개를 갸우뚱하면서 청진기를 다시 들고 내 가슴을 샅샅이 살핀다. 청진기를 내려놓으며 심각한 얼굴로 우리를 쳐다보며 한쪽 폐에 물이 반 이상 찼고 다른 쪽도 물이 차기 시작했다고 한다. 그러고는 "보통 이 정도면 걸어 다니기도 힘든데, 일하고 점심을 한 사발 먹었다고! 허참." 하면서 나를 쳐다보는 원장님은 방금의 심각한 얼굴이 아니라 '기특한 젊은 놈 하나 봤네!'라는 듯 미소 지으며 말한다.

"걱정하지 마, 치료해야지. 바로 입원해."

입원도, 치료도 처음이지만, 지금까지 살면서 그때 그 원장에게서 느낀 인술의 자애와 신뢰를 더 이상 느껴 보지 못한다.

내 발로 계단을 올라 2층에서 진찰을 받았다. 양쪽 폐에 물이 찼다는 소리를 듣는 순간 힘이 쭉 빠지는 걸 느꼈다.

기(氣)가 다 빠진 거다. 진료를 마쳤으니 일어나 치료를 받으러 가야 할 거 아닌가. 그런데 의자에서 일어날 수가 없다. 나 스스로도 기가 막힘을 느낀다. 부축받아 겨우 일어난다. 입원하고 치료받는다. 내가 제약회사에 근무한다니 원장님이 설명해 주시는 것 같다.

"이게 황산 스트렙토마이신인데 최신 약이야. 빨리 나을 거야."

그 경황에도 어느 회사인지 멋지다! 이런 신약을 수입인지 제휴인지 모르지만 부럽다는 생각과 함께 우리 회사 사장과 내 리포트를 생각한다. 여기서도 이 회사 사원임을 잊지 않은 것 같다.

결혼하고 1년 남짓이었던 것 같다. 우리는 주말부부였다. 공주에서 교사로 있으면서 한 달 후면 서울로 전근 발령받을 예정이었다.

내가 병이 났으니 시급히 휴가를 얻어 집사람이 집에

와 있다. 그래서 나는 이틀만 입원하고 통원 치료하기로 했다.

다음 날 병원에 가니 원장이 명함 하나를 보여 주며 이 사람이 병원비를 책임진다며 하루라도 빨리 낫도록 치료를 부탁한다고 하면서, "이 사람 회사에서 아주 중요한 일을 맡고 있는 사람"이라고 후렴까지 했다고 한다. 결과 이야기지만, 이 후렴까지만 안 했어도 한 번에 두 번 실수하는 꼴은 아니었을 것이다.

며칠 사이 치료 효과가 아주 좋으니 병원비 걱정 말고 고기든, 달걀이든 막 먹으라고 원장님이 말씀한다.

"이 명함 다니는 회사 전무 맞아요."

"예, 사장 동생입니다."

"그럼 문제없네."

원장님 말씀이다.

치료 5일째쯤이다. 나보다 원장님이 더 좋아한다. 매일 물이 쭉쭉 내려간다고. 일에서 해방된 기분에 집사람이 있어 내가 원하는 건 무엇이든지 해 주니 이렇게 편안하고 행복할 수가 없다. 숨찬 것도 없고 몸이 그저 편하기만 하다.

일주일이 되었다. 물은 다 빠졌고 후유증이 없도록 마무리 치료라고 하시는 원장님, 난감한 표정으로 손에 든 명함을 보여 주며 "이 사람 약속을 안 지키네." 한다.

"아이구, 죄송합니다. 내일 다 결제하겠습니다. 원장님 감사합니다."

꾸뻑 인사를 하고 병원을 나오면서 씁쓸하고 허탈할 뿐 특별한 감정은 없다. 이미 그 사람들을 알고 있기 때문이다. 그들을 위한 결과가 되었을지는 몰라도 결코 나는 회사를 위해 일한다는 생각이었을 뿐이다.

내 통장 돈으론 부족해 집사람 통장을 좀 보태서 결제했다.

내가 늑막염을 앓느라고 회사 못 나간 지가 열흘쯤, 그동안 많은 일이 있었고 나에 대한 얘기도 많았던 거 같다. 특히 내 후임으로 훈련시키는 사장 사촌 동생이 매우 힘들었던 것 같다.

나한테 하루 서너 번씩 전화해서 코치를 받기는 했지만, 생산이 원활히 돌아가질 못하니 여기저기에서 문제가 발생했고, 질책은 몽땅 이 사람에게 쏟아졌다고 한다.

뒤에 들은 얘기지만, 나한테 전화 코치를 받아 가면서 최선을 다했어도 어쩔 수 없었던 것 같다. 그래서 본사 윗분들이라고 해야 자기 사촌 형들(사장, 전무, 감사)에게 한바탕 해댔다고 한다.

혼자는 도저히 못 하겠으니 한 사람 더 달라는 것과 서 과장은 이 많은 일을 혼자 어떻게 다 했는지 모르겠다면서 '이 회사를 위해서 태어났느냐?'라는 소리를 들으면서도 열심히 일하는 사람을 무엇이 그렇게 의심스러워서 이 사달을 만드냐? 그 사람 그만둘 작심을 한 것 같다. 직접 들은 얘기는 아니다. 다른 사람이 전해 주었다. 가까운 집안끼리니 할 소리 다 했겠지만, 나에게 직접 말해 주긴 좀 어려웠을 거다.

내가 출근하니 가장 반가워하는 사람은 포장실의 생산직 여사원들이다. 나를 보자마자 펄쩍펄쩍 뛰는 사람, 스스럼없이 내 팔을 잡는 사람, 내 팔을 잡은 채 눈물을 글썽이는 사람도 있다. 반장이 말한다.

"얘들이 서 과장님을 얼마나 걱정했는지 아세요? 오늘 출근하셨다니 얘들 표정이 밝아졌어요!"

아무튼 이 회사와 나를 정리하는 3개월이라는 기간이

거의 다 돼 가고 있었다. 내 후임을 혹독하게 훈련시킨다. 내가 없어도 회사 업무에 지장이 없도록 하기 위해서다. 나로서는 유종의 미를 거두기 위해서다. 나는 말로만 한다. 모든 행동은 그 사람이 한다. 그 사람의 직위는 내 밑의 계장이다.

"과장님 좀 천천히 합시다. 힘들어 죽겠습니다."

"내 말 없어도 당신이 혼자 다 해내야 내가 좀 쉴 수 있지 않겠어요. 나 퇴원한 지 얼마 안 됩니다. 부지런히 하세요!"

그 사람은 내가 왜 그렇게 서두는지를 대강 알고 있는 것 같다. 그래서 나를 붙들려는 그 사람의 노력이 보인다. 마음속으로 고맙기까지 하다. 그러나 그도 내 마음속 3개월은 모른다. 그렇게 빨리 가리라곤 생각하지 않은 것 같다.

그때나 지금이나 세월이 빠르긴 마찬가지여서 3개월이 금방 지나갔다. 마침 연말이다. 나는 조용히 사표를 준비한다. 나를 이 회사에 끌고 오다시피한 사장 동생인 전무에게 사표를 내민다. 예측은 했겠지만, 너무 갑작스러워서인지 내 얼굴을 쳐다본다. 나 또한 그 사람의 얼굴을 내려다본다. 그 사람 앉아 있고 나는 서 있다. '이 사람이 이런 사람이었구나!' 병원비 약속을 안 지킨 사람. 나 같으면 내 돈으로라도 체면을 지켰을 거다. 순간 생각하며 몇 초 동안 그 얼굴을 내려다봤지만, 그 사람은 무슨 생각을 하며 내 얼굴을 쳐다보고 있었을까?

그분, 나를 쳐다보며 말한다.

"자네 사표, 알고 있는 사람 있나?"

"없습니다. 조용히 떠나려고 합니다."

사표 봉투를 주머니에 넣으며 "한 달 더 해 주게."라고 한다.

"1월 말까지만 하겠습니다."

그러면 1주 후 퇴사일로 되어 있으나 3주 더 하는 게 된다.

이렇게 해서 이 회사에서의 내가 정리되었다. 한 달 더 해 달라는 건 일이 중요한 게 아니라 나를 회유해 볼 시간이 필요했던 것 같다.

며칠이 지났다. 사장님이 자기 집에서 저녁을 같이하자고 한다. 나를 저녁에 불러 자기가 계획한 일의 사전 점검을 할 땐 저녁 먹었냐고 물어본 적도 없는 분의 속이 빤히 보여서 별로 든 정도 없지만 그나마 떨어지는 기분이다.

사장님 말씀이다. 아무개도 회사를 떠났다가 1년 만에 다시 와서 밥 좀 먹게 해 달라고 해서 그랬고, 또 누구는 2년 만에 와서 그랬다며, 자네는 진급도 되고 월급도 오를 텐데 왜 그만두려고 하느냐? 어디 갈 데가 있냐? 해서 없다고 하니 그럼 그냥 있으란다.

"아닙니다. 저보다 훨씬 잘하는 사람이 와야 우리 회사가 발전합니다. 저는 나가서 할 일 찾으면 됩니다."

내 리포트로 인해 생긴 일임에도 이 양반 잊었는지, 이야기하고 싶지 않은지 일언반구도 없다. 기회가 되면 일류 회사를 지향하는 내 지론을 말씀드릴까 생각했지만, 혹시나가 역시나였다.

사장님 뒤 살짝 옆쪽에 사모님이 앉아계신다. 이렇게 진수성찬으로 저를 불러주셔서 감사합니다. 정중히 인사드렸다. 매우 교양 있어 보이는 초로의 여사이시다.

사장님이 권하는 술 한잔 마시고, 되도록 맛있게 먹었다.

버스 타려고 걸어가고 있다. 진수성찬을 얻어먹고도

씁쓸한 기분이다. 사장님의 또 한 면을 보아서다. 그 양반의 사원관이다. 고개를 들어 하늘을 보니 별들이 보인다. 그때만 해도 서울의 주택가에선 별을 볼 수 있었다. 쓸쓸한 기분이다. 기다려서 노량진행 버스에 오른다. 거기에 비록 셋방이지만 아내가 기다리고 있는 행복한 내 집이 있다.

정해진 시간은 더 빨리 가는 것 같다. 이제 일주일 남았을 때 내 방에서 같이 일한 두 사람에게 사실을 얘기한다. 깜짝 놀라더니 한 사람 화를 벌컥 내면서 이 방 공기를 같이 숨 쉰 지가 얼만데 우리에게까지 이럴 수 있느냔다. 미안하다. 전무와의 약속이고, 나 또한 조용히 떠나고 싶어서였다. 그러나 내가 도둑처럼 사라질 순 없지 않나? 그동안 많은 사랑을 받았다. 고맙다.

몇 시간 뒤 내 후임이 눈이 둥그레져 헐레벌떡 내 앞에 와서 "여기 계시네요. 한참 찾아다녔습니다." 한다.

"본사 사무실에 있었다."

"큰일 났습니다."

"뭐가?"

"포장실이 '올 스톱'했습니다."

"그게 무슨 소리야?"

"과장님이 이달 말 퇴사한다는 말을 듣는 순간 서로 얼굴만 쳐다볼 뿐 아주 손 놓고 있습니다."

"어허! 누가 벌써 얘기했나? 내가 내일 직접 얘기하려고 하는데!"

급히 포장실로 갔다. 나를 보는 순간 모두 일어서더니 나를 에워싼다. 모두 의아하고 궁금한 얼굴이다. 내일 여러분과 얘기하려고 했는데! 사실대로 얘기해 준다. 계획은 석 달 전에 했고, 한 달 전에 사표를 냈다. 내가 이달 말까지만 하기로 했다. 내가 이 회사를 떠나면서 제일 섭섭한 게 포장실 여러분이다. 그동안 많은 사랑을 줘서 고맙다. 나도 여러분을 사랑한다. 함께 더 못해 줘서 미안하다. 이 회사는 여러분의 회사다. 밥들 잘 챙겨 먹고 건강하게 열심히 해 주기 바란다. 이런 내 말이 끝나자마자 훌쩍거리는 소리가 들리더니, 뒤에서 주저앉아 엉엉 우는 사람이 있어 누군가 봤더니, 창신동 고개에서 연탄가스로 축 늘어져 내 등이 업었던 그 사람이다. 다가가니 나를 끌어안고 엉엉 운다. 순식간에 울

음바다가 된다. 내 얼굴에도 눈물이 흐른다.

지금 그때를 생각하며 이 글을 쓰려니 눈시울이 뜨거워진다. 내 입사 초기부터 이 포장실과는 많은 일이 있었다. 가까스로 진정시키고 반장한테 등 떠밀려 그 방을 나왔다.

나는 이 회사를 떠나면서 저녁에 한잔하자는 건 일체 사양했고, 송별회도 사양했다. 내 리포트로 인해 촉발해서 자라가 아닌 솥뚜껑 보고 놀라는 사장의 경솔함이 결과인 일이라, 나도 사람인지라 한 잔의 효과로 사장 체면이 걸린 사안의 보루가 터질까 봐 일체 사양했던 것이다.

이렇게 해서 나는 이 회사와 완전 분리가 됐다. 머리에서 뱃속까지 완전 자유스럽고 홀가분했다.

나는 가끔 생각한다. 그때 그 사장님이 내 리포트를 읽고 내 등을 두드리며 고무해 주셨다면, 아마도 그 회사에서 내 에너지를 다 소진하고 중역 어디쯤에서 퇴사하지 않았을까? 아찔함을 느끼며 고마운 사장님이었다는 생각을 여러 번 했다.

그래서 나는 살면서 그 사장님이나 그 회사에서의

2년 8개월이라는 내 인생의 역사적인 한 토막을 한 번도 유감스럽게 생각해 본 적 없고, 마지막 장면 같은 아름다운 추억이 있을 뿐이다.

사범학교 그리고 변호사 시험 실패. 여기서 세 번째 내 인생의 운명적 변곡점을 맞게 되었다.

2장

고마운 배신

리상호에는 4

1 유리

뜻밖의 손님

내가 숙박업을 잃으며 집에 쉬고 있을 때 뜻밖의 손님이 찾아왔다. 내가 운명[illegible]인 유리사업을 평생 하게 되는 단초가 여기서부터 시작된다.

내가 전에 근무하던 회사에서 관리 생산 외에 구매과장까지 하고 있을 때다. 제약회사인지라 원료를 들여서 벌크로 약을 만드는 이외 용기에서 포장까지 모든 자재를 외주하는 구조에서 발주에서 입고까지 계획하고 확인하는 것이 구매과장의 막중한 업무다. 만에 하나 여기에서 한가지라도 잘못되면 생산활동이 다 마비되기 때문이다.

당시엔 용기라면 다 유리병이었다. 플라스틱은 없을 때니까! 제약병은 작은 병이긴 하지만 가짓수가 많은게 특징이었다. 그중 계절품목이 하나 있었는데 이 용기가 좀 문제가 있었다. 병은 용광로가 있는 유리공장에서 수동이지만 몰드에 찍어 내는 것이 보통이지만 이 병은 유리관을 가공해서

뜻밖의 손님, 네 번째 터닝 포인트

내가 늑막염을 앓으며 집에 쉬고 있을 때다. 뜻밖의 손님이 찾아왔다. 내가 운명적인 수리 사업을 평생 하게 되는 단초가 여기서부터 시작된다.

내가 전에 근무하던 회사에서 관리, 생산 외에 구매과장까지 하고 있을 때다. 제약회사인지라 원료를 섞어서 벌크로 약을 만드는 외에도, 용기부터 포장까지 모든 자재를 외주하는 구조여서 발주에서 입고까지 계획하고 확인하는 것이 구매과장의 엄중한 업무다. 만에 하나 여기에서 한 가지라도 잘못되면 생산 활동이 마비되기 때문이다.

당시엔 '용기' 하면 다 유리병이었다. 플라스틱은 없을 때니까! 제약병은 작은 병이긴 하지만 가짓수가 많은 게 특징이었다. 그중 계절 품목이 하나 있었는데, 이 용기에 좀 문제가 있었다. 병은 용광로가 있는 유리공장에서 수동으로 몰드에 찍어 내는 것이 보통이지만, 이 병은 유리관을 가공해서 만드는 데 시간이 걸리는 것이어서 양산할 수가 없었다는 게 문제였다. 이 병을 발주하면 가끔 들러서 생산 독려도 할 겸 상황 파악을 한다.

이 공장 사장이 이(李) 아무개다. 공장이라고 하기엔 좀 규모가 작다. 가공소 정도였다고 생각된다. 나하고 특별한 친분이 있는 분도 아니다. 그런데 이분이 집으로 날 찾아온 뜻밖의 손님이다. 납품 관계로 회사에 자주 드나드는 분이다. 누구에게선가 넌지시 그 사람 그만둘 거 같다는 소리를 들었는지, 아니면 자기 스스로 분위기 파악을 해서인지는 모른다. 용건인즉 좋은 기회가 있으니 자기와 동업으로 사업을 하자고 한다. 그게 바로 앰플(Ampoule) 사업이다. 유리에 관한 기술은 자기를 믿으란다. 일본 사람에게서 직접 배운 몇 안 되는 사람 중 한 사람이라며 자찬까지 한다. 자기는 공장에서 생산만 할 테니 모든 운영은 나더러 맡으란다.

이분의 회사를 처음 들렀을 때다. 을지로 5가쯤이었던 것 같다. 당시는 종로가 유락 중심 거리였고, 을지로는 주로 공장, 철공소, 철물점 등이 많이 있었다. 우리가 거래하는 원료 무역상도 있어서 간단한 기계부품을 철공소에서 깎기도 하고, 공구 구입 등 구매과장이 해야 할 일이 있어서 주에 한 번 정도는 을지로에 가곤 했다. 크기가 그리 넓지 않은 2층 공장에 예닐곱 명의 종업원과 이 사장 그리고 부인까지 열심히 하고 있었다. 공장에 들어서면서부터 매우 신기한 느낌으로 이들의 일하는 모습을 본다. 유리관을 불에 달궈 이리 구부리고 저리 구부리고 키웠다가 줄였다 하는 그들의 손재주가 마술을 하는 것 같아서 한참 넋을 놓고 쳐다보고 있었다. 이 사장이 의자를 갖다 주며 앉으라고 할 때까지다. 난 생처음 보는 광경이어서 매료되지 않을 수 없고, 일하는 사람 모두가 대단한 기술자로 돋보이기까지 했다. 한참 뒤에 알게 되었지만, 이 정도는 기술이라기보단 숙련도로 평가되는 기능이란 사실이다.

나는 기술자와 기술을 좋아하고 존중하는 사람이라 이날 아무튼 이들에게 매료된 채 즐겁고 고마운 생각까지 들어서 다방에 커피를 주문, 한 잔씩 대접하고 나도 함께 마셨다.

다음 주면 우리가 주문한 병을 생산한다고 한다.

우리 병을 생산한다는 날에 겸사겸사해서 이 공장에 들렀다. 방문 첫날 많이 감동했기에 우리 병을 생산하는 날에 맞춰 그들을 칭찬해 주고 고무해 주고 싶은 생각이었다. 점심시간에 맞춰 가기로 했고 인근 중화식당에 들러 주문하고 갔다.

완전 수동 작업에서 작업자의 기분에 따라 생산 능률이 60%까지 올라갈 수도, 내려갈 수도 있다는 사실을 나는 일찍 경험한 바 있다. 내 호의에 이들의 기분이 좋아져 생산 능률이 확 올라서 주문된 유리병 납품이 3~4일 만이라도 앞당겨질 수 있다면 계절 상품을 생산하는 우리에게 큰 도움이 되겠다는 바람이 있었다. 점심까지 사줄 줄이야 몰랐던 그들은 매우 기분 좋아했고, 나도 함께 먹으면서 계절 제품의 특수성을 설명하고 그들의 능력을 한껏 칭찬하며 협력을 부탁했다.

생각을 넘어서는 고무적인 결과가 나왔다. 15일 작업 계획에 5일이 앞당겨져 납품이 완료된 것이다. 따라서 우리는 이 제품을 생산하는 데 크게 덕을 보고 감사했다. 계절 품목이어서 이 회사와의 한 해 거래는 이렇게 끝났다. 이후 이 사장을 만날 일도 없고, 만난 적도 없는 것 같다. 혹시 우리 회사 실험실에서 주문한 유리실험기구를 가지고 회사에 들어왔을 때 잠깐 한두 번 만났을지는 모르겠다.

아무튼 유리를 떡 주무르 듯하는, 내가 아는 한 최고의 유리 기술자로서 이 사장은 존중의 대상이었지만, 거래선의 사장이라는 사실 외에 특별한 교분이 없는 사람이 갑자기 찾아와서 동업을 하자고 하니 어리둥절할 수밖에 없었다. 하지만 이 사장의 나에 대한 생각은 좀 달랐던 것 같다. 우리 회사에 들어올 때마다 내가 일하는 모습을 지켜봤고, 듣던 대로 매우 인상적이어서 나와 가까이 지내고 싶었다고 한다. 그리고 자기네 회사를 두 번 방문했을 때 내가 하는 모습을 보고 직원들과 함께 감동했다고 한다.

많은 회사와 거래하고 있지만, 거래선의 구매과장은 언제나 당연히 접대 대상이라고만 생각해 왔다. 그런데 서 과장은 달랐다. 차, 점심 딱 한 번씩이지만 접대받고 격려의 인사말까지 들었다. 사업 시작 이래 처음인 이 경험이야말로 고정관념이 깨지는 신선한 충격이었단다. 그 이후 나를 무한 신뢰하게 되었다고 한다.

이 사장이 하자는 사업은 앰플을 만들어 제약회사에 파는 사업이다. 현재 우리나라에 수십 군데가 있다. 완전 수동으로 만들어지는 수공업이다. 20여 년 전 일본 사람이 가르쳐 주고 간 그대로다. 이 사장도 처음 배운 게 앰플 만드는 기술이다. 몇 년 전 앰플 공장도 했지만, 경쟁이 심해서 큰 손해를 보고 정리했다고 한다. 일본은 이미 기계화에서 자동 생산까지 되었다고 한다. 그런데 우리는 20여 년 전 그들에게서 배운 완전 수동 생산 그대로라고 한다.

최근 일본에서 앰플 만드는 기계 3대를 들여다 공장을 차린 사람이 있다. 한국 최초다. 그런데 가동에 실패해서 망했고 지금은 공장을 팔려고 한다는 것. 자신(이 사장)이라면 이 기계를 충분히 가동할 수 있으니, 우리가 이 공장을 인수해서 앰플을 생산한다면 우리나라에서 개척자가 된다는 것. 이것이 이 사장이 나와 동업하자는 사업의 요지다.

뜻밖의 손님이었지만 사업 이야기, 즉 일 이야기를 하다 보니 긴 시간을 얘기하게 되었고, 개척자라는 말에 내 귀가 번쩍 열리는 느낌에다 새로운 일에 대한 이야기는 흥미로웠다. 긴 이야기를 하면서 이디 내 마음은 긍정으로 흐르고 있음을 느꼈다.

그러나 나는 앰플에 대해선 완전 무지 상태다. 이 사장의 안내로 앰플 공장을 견학하기로 한다. 약으로 나오기 이전의 앰플은 어떤 모양인지? 어떻게 만들어지는지? 기계로는 왜 안 되는 건지? 수요는 얼마나 되는지? 등이 공부의 요점이다. 내가 다니는 회사가 제약회사이긴 하지만, 주사제가 한 품목도 없어 전혀 모르는 분야다. 다음으로 내 결정에 따라 기계 인수 여부를 논의하기로 하고 이 사장은 돌아갔다.

앰플 공장을 견학하다

이 사장과 약속한 날, 뚝섬의 약속 장소에서 만났다. 지금은 성수동으로 부르지만, 1960년대 말 당시에는 이 지역을 일반적으로 뚝섬이라고 부르고 있었다. 1958년, 대학 진학하며 서울에 처음 올라온 해다. 그때 이 뚝섬에 와 본 적이 있다. 무한히 펼쳐진 배추밭 가운데 옹기종기 농가들이 마을을 이루고 있는 곳이 몇 군데 있었다. 농사 작물이 다를 뿐 우리 고향의 농촌 어느 마을과 별 차이가 없다고 느꼈다. '푸세식' 화장실이었을 당시 서울에서 배출되는 그 많은 양의 대부분이 '똥' 마차나 '똥' 트럭에 실려 이 뚝섬으로 온다던 시절이 불과 10년 전인데, 공장 지대로 바뀐 뚝섬을 보면서 격세지감을 느끼기도 했다.

이 사장 얘기다. 이 공장 중 20여 군데는 유리공장일 거란다. 용광로에 유리를 녹여 각종 병을 만드는 공장, 용광로에서 유리관을 뽑아내는 공장. 바로 이 공장이 앰플을 만드는 원자재인 유리관(파이프)을 만드는 공장이므로 유심히 관찰했다. 완전 수동이긴 하지만 내 눈으로 보기엔 똑같은 규격의 유리관을 입으로 에어(공기)를 불면서 뒷걸음질로 뽑아내는 재주를 보고 감탄하지 않을 수 없었다. 어느 공장을 봐도 기계라곤 없었다.

다음은 앰플 공장이다. 조금 전에 보고 나온 용광로에서 녹은 유리를 유리관으로 뽑아내는 공장의 그 관유리가 앰플을 만드는 원자재다. 수십 명에서 백여 명 가까이 종업원이 있는 앰플 공장이 여러 군데가 있다고 한다. 뚝섬에 있는 그 많은 유리공장 중에 앰플 공장이 가장 많을 거라고도 한다. 여기저기에 유리 무더기가 보인다. 가히 이 뚝섬을 유리공장 단지라고 해도 과언은 아닐 듯싶다. 여기에 앰플 공장이 많은 것은 앰플을 대량으로 사용하는 큰 제약회사 몇 군데가 있기 때문이라고 한다.

제일 크다는 앰플 공장에 가 본다. 밖에서 봐도 규모가 크다. 100여 명은 되어 보이는 종업원들이 2m 정도 간격으로 앉아서 자기 앞 작업대 위에 예리한 불꽃에 들고 있는 유리관을 가열하여 앰플의 모양을 만들어 내는 광경은 가히 장관이 아닐 수 없다. 발은 작업대 밑에서 불이 예티하도록 에어를 불어넣는 동작을 하고, 손으로는 앰플 모양을 만들고, 입으로 살짝 빨아서 앰플 밑바닥이 안으로 살짝 들어가 세워질 수 있도록 하는 마지막 동작까지 본다. 단일 공간으로는 엄청 넓은 공장에 꽉 들어찬 종업원들이 똑같은 조건에 똑같은 동작으로 똑같은 것을 만드는 걸 유심히 쳐다보고 있노라니 사람마저 똑같다는 착각이 든다. 이 공장이 거대한 기계라면 꽉 들어찬 부속들이 똑같은 동작을 하고 있다는 착각이 든다. 이건 기계화 생산의 기본 조건이 아닌가? 하는 생각에 공장장에게 기계로 만들 수는 없느냐고 물었더니 안 된다는 단호한 대답과 우리나라에서 기계로 만드는 곳이 한 군데도 없다면서, 안 되니까 그런 거 아니겠냐? 한다.

나는 이거야말로 기계화 생산의 충분조건이라고 마음을 굳힌다. 그리고 더 이상 깊이 물어보지 않고, 그날 앰플 공부는 그것으로 끝냈다. 안 되는 이유를 깊이 캐묻지 않은 것이 내가 이 사업을 하게 되는 첫 번째 다행이었음을 지금은 안다. 만약 그 사람이 안 되는 결정적인 이유를 알고 있어서 내가 납득했다면, 이 사업에 엄두를 내지 못했을지도 모르기 때문이다. 무식하면 용감하다고 했던가? 이 말을 여기서 한번 써먹고 싶다.

며칠 뒤 이 사장과 기계를 가지고 있다는 공장을 찾아간다. 이 공장은 내가 살고 있는 노량진에서 얼마 멀지 않은 상도동 장승배기라는 곳이다. 일제 강점기에 군 의무부대가 있던 자리라고 한다. 삼각 지붕의 특유한 일본식 건물이 몇 개 남아 있었다. 작은 공장이라 하기엔 적당히 큰 건물이다. 이 중 하나가 엠플 공장이었다. 간판이 근사하다.

'한국앰플공업주식회사'라는 나무 간판이다. 사장은 없고 부인이 안내해서 공장을 봤다. 기계는 생각보다 단조롭다. 길이가 1.8m, 폭이 1.3m, 높이는 1.3m 정도 크기의 반자동 기계다. 마지막 단계는 사람이 처리한다. 모터로부터의 동력 전달 시스템은 완전 기계식이어서 조금 복잡할 뿐 내가 충분히 확인할 수 있었다. 완전히 아날로그 시대의 전형적인 기계다.

그때 일본은 선진국, 우리는 후진국이었다. 한참 뒤에

확인해 본바 당시(1965년) 이 기계는 일본 1950년대 앰플 기계화 생산 개발 초창기에 개발된 기계라고 한다.

아무튼 이 기계를 보면서 기계로 앰플을 생산하기만 한다면 우리나라에서 개척자가 된다는 생각이 내 머리를 달군다. 결심할 것인가, 안 할 것인가가 문제다. 조금 뒤에 내 가슴에서 야심이 생겨나고 있음을 느낀다. 나는 이 기계를 인수하기로 결심한다. 이건 내 생각일 뿐 해봐야 한다. 나는 분수에 맞지 않는 일은 안 하는 사람이기 때문이다.

기계를 인수하다

공장을 보고 온 다음 날이다. 한국앰플공업주식회사 사장이라며 내일 만나자고 한다. 60대 초로 보이는 잘생긴 사람이다. 일본에 친구들이 많이 있다면서 친구 도움으로 어렵사리 들여온 기계인데 운용하지 못하고 팔게 되어서 가슴이 아프다며, 젊은이가 인수해서 크게 성공하라 한다. 보통 사람이 아니라는 생각이 들었다.

"저는 작은 회사 월급쟁이입니다. 대금이 크면 못 합니다."

인상도 좋은 젊은이라 꼭 성공할 것 같다며 좋은 값으로 드리겠다고 한다. 얼마냐고 물어보지도 않고 침묵하고 있었다. 처음 보는 나를 자꾸 칭찬하며 이런저런 말을 하더니 내 500만 원에 회사까지 다 줄 테니 성공하란다.

나는 큰 눈을 껌벅껌벅하며 그 사람을 쳐다보면서 정중히 말한다.

"저는 그렇게 큰돈이 없습니다. 저는 대상이 아닌 것 같습니다. 죄송합니다."

일어서는 데 자꾸 주저앉히면서 얼마를 생각하느냐고 묻는다.

"실례될 것 같아서 말씀드리지 않겠습니다."

내 뒷도습을 물끄러미 바라보는 느낌을 받으며 걸어 나왔다.

다음 날, 또 전화가 왔다. 당시 나는 아직 회사에 근무하고 있어서 이튿날 만나기로 했다. 의욕이 넘치는 젊은이를 만났으니 딱 잘라 300만 원에 회사를 넘겨주겠단다. 달변이다. 상법까지 들먹이며 법인을 설립하려면 돈과 어려움이 든다며, 기회를 놓치지 말라고 나를 설득하려 장광설을 쏟아내는 것이 보통 사람이 아니다.

"회사는 필요 없습니다. 기계에 욕심이 있을 뿐입니다. 지난번에 말씀드린 대로 저는 수백만 원의 큰돈이 없습니다. 의욕만으로 안 된다는 것을 알면서도 기계에 욕심을 내서 죄송합니다."

그럼 도대체 얼마나 있느냐고 한다. 말씀드리기가 실례될 것 같다니 그런 걱정하지 말고 말하란다.

"제가 가지고 있는 돈은 120만 원뿐입니다."

"회사는 왜 안 사려고 하느냐?"

"저에겐 필요 없어서입니다."

그 사람은 내 얼굴을 쳐다보며 잠시 고민하는 것 같더니 벌떡 일어나면서 "안 되겠군." 한다. "죄송합니다." 하고 나도 일어섰다.

돌아오면서 생각해 본다. 내가 너무 두모한 도전을 하고 있는 건 아닌가? 생각하면서도 가슴에선 '개척자'가 되고 싶은 욕망이 가라앉지 않는다. 300만 원이란 돈은 내겐 너무나 큰돈이었다. 당시 300만 원은 누구에게도 큰돈이었다. 아쉽지만 단념하자고 마음을 정리하며 버스 손잡이에 매달려 집에 왔다.

1968년 말쯤이다. 떠날 회사지만 열심히 해서 유종의 미를 거두겠다는 생각엔 변함이 없다. 아침 일찍 출근해서 열심히 일하고 있는데 전화가 왔다. 그 사람이다. 만난 지 4~5일쯤이었던 것 같다. 만나자고 한다. 다음 날 시간을 좀 내서 만난다. 점심 전에 만나자고 한다. 만나자마자 고급 식당으로 나를 데리고 간다. 나는 그런 고급 식당을 가 본 적이 없다. 아무튼 점심 잘 얻어먹었다.

그 사람은 밥을 먹으면서도 내내 사업을 하는 데는 세금 면에서나 여러 면에서 개인보다 법인이 월등히 좋다는 긴 얘기로 나를 설득하려 한다. 나는 묵묵히 들으면서 식사를 마친 다음 “제가 좀 바쁜 사람입니다. 아쉽지만 단념하려 했는데 불러주셨습니다.” 했다. 나는 내심 이번엔 끝낼 수 있겠다는 생각을 가지고 있었다.

“이제 본론을 하시죠.” 하니 나를 잠시 쳐다보다가 나에게 먼저 말하란다. 이 사람 다른 데 팔 데가 없으니 나를 다시 찾았을 거란 생각에 오늘 결말을 내리라 작심을 한다.

“지난번에 120만 원이 제가 가진 전부라고 솔직히 말씀드린 거 기억하시죠. 제 한계입니다. 제 생각을 말씀드리겠습니다. 일본제 앰플 제조 반자동 기계 3대가 있습니다. 대 당 50만이면 150만 원이 됩니다. 양도 계약서 120만 원을 지불하고, 3개월 뒤에 30만 원을 대금의 잔금으로 지불하는 것으로 해 주신다면 모험 한번 해 보겠습니다.”

이 사람 입맛을 쩍쩍 다시더니 허공을 쳐다보고 잠시 생각하다가 묵직한 목소리로 “좋소. 기왕 주는 거 회사까지 얹어 줄 테니 젊은이 잘 해 보세요." 한다.

"회사는 필요 없다는 말씀 몇 번 드렸는데요."

"허허, 젊은이 사업을 안 해 봐서 영 모르는구먼." 하더니 회사 자산을 따로 팔 수가 없다고 한다. "왜 못 파십니까? 잘 아실 텐데요." 하니 이 사람 나더러 알면 말해 보란다.

"다 아실 것 같아서 말씀 안 드리려 했는데, 이사회 결의서 한 장이면 되잖아요."

이 사람 깜짝 놀란다. 눈을 크게 뜨고 나를 쳐다보더니 당신 대학 나왔느냐고 묻는다. "나왔습니다." 했더니 무슨 과를 나왔느냐고 묻는다. 법학과를 나왔다고 하니 이 사람 망연자실하는 표정으로 나를 쳐다보다가 눈을 아래로 깔고 한참 생각하더니 눈을 들어 나를 쳐다보면서 지금 계약할 수 있느냐고 말한다.

"지금은 안 되죠. 은행에도 갔다가 와야 하고요. 사장님은 이사회 결의서를 가지고 계십니까?"라고 물으니 내일 하잔다. 그러면서 내일 당신이 계약서를 만들어 가지고 오란다. 목소리에 노기가 좀 섞여 있는 느낌이다. 이 사람 가동 못 하는 기계를 파는 것도 중요하지만 법인을 나한테 떠넘기는 것 또한 못지않게 중요했던 것 같다.

"계약서를 저더러 작성하라고 하시니 내용을 대강 말씀드리겠습니다."

매도자: 한국앰플공업주식회사 대표이사 00 甲(갑)

매수자: 서정섭 乙(을)

甲은 주소 000에 있는 임차한 공장 내에 설치되어 있는 일본제 앰플 제조 반자동 기계 3대와 그 부대설비 및 부대품을 대금 150만 원에 乙에게 매도한다.

乙은 대금 150만 원 중 120만 원은 계약 당시에 지불하고 잔금 30만 원은 계약일로부터 3개월 후에 지불한다.

甲은 한국앰플공업(주)의 당 물건 매도를 결의한다는 이사회의 결의서를 첨부하여 본계약을 완성한다.

甲은 계약 완성과 동시에 임차한 공장을 있는 그대로 乙에게 넘겨준다.

"이게 계약서의 내용이 되겠습니다."

백지에 대강 쓰면서 설명했더니 백지를 잠시 보다가 웃음을 머금은 상냥한 표정으로 나를 보면서 갑자기 "자네라고 해도 되겠나?" 한다.

"예, 당연하지요. 저보다 30년은 위인 거 같은데요!"

"나 예순네 살이야."

"저는 서른넷입니다."

"좋을 때네. 변호사 왜 안 하나?"

"안 하는 게 아니고요. 떨어져서 못 하는 겁니다."

이렇게 말했더니 "똑똑한 젊은이 꼭 성공하시게." 하고 일어서며 악수를 청한다. 나도 일어나서 깍듯이 인사했다. 이렇게 해서 기계 인수는 끝났다. 그리고 이 사장은 바로 들어가서 기계를 점검하고 일을 시작했다.

이때가 1969년 1월 초쯤이었다. 당시는 양력설을 지내는 사람이 거의 없던 시절이어서 연초 기분은 아니었다. 동업하자며 단초를 제공한 사람은 이 사장이었지만, 인수 과정에 이 사장은 없었다. 이 인수 건이야말로 나에게 운명적이고도 모험적인 사건임엔 틀림없다. 나는 내 운명을 남에게 의존하는 사람이 아니다. 당시 내 어디에 이런 용기가 있었는지 지금 생각해도 내가 대견스럽다.

이 사장은 나더러 기계를 완전히 가동해서 생산을 시작할 테니 걱정하지 말고 근무하다 나오란다.

어느덧 그해 2월 말이 된다. 마음과 몸이 한껏 분주해진 나는 한 달만 더 해 달라는 간곡한 부탁을 뒤로 이미 준비된 퇴사를 결행한다. 이 사장도 익히 알고 있었다.

퇴사 직전에 자주 마신 술이 좀 무리였는지 몸이 피곤하다. 나는 원래 술을 못 먹는 편이다. 이 사장이 공장에서 열심히 하고 있으니 느긋한 마음으로 하루 푹 쉬고, 다음 날 이젠 우리 회사 한국앰플공업사로 벅찬 가슴을 안고 첫 출근이다. '주식회사'를 빼고 '사'만 붙여 이미 만들어 놓은 우리 회사 이름이다.

그런데 이게 웬일인가? 반갑게 악수로 맞아 줄줄 알았던 이 사장이 안 보인다. 쓰고 있던 두 종업원이 말한다.

"사장님 어제부터 안 나오셨어요."

어안이 벙벙하다는 말은 이럴 때 쓰는 말이다. 일단 진정하고 이 사장 회사에 전화했다. 부인이 받는다. 이 사장 거기 있냐고 물으니 "거기 없어요?" 되묻는다. 전화를 끊고 조용히 생각해 본다. 이 사장은 이제 내가 출근할 걸 알고 있었을 거다. 그러니까 나와 마주치기 전에 없어진 거다. '왜?'가 머릿속을 복잡하게 하지만, 설마 하는 마음으로 하루 기다리면서 기계 구조를 점검한다. 그렇게 호언장담하던 그 사람이다. 3일이 지나도 전화 한 통 없다.

슬슬 화가 나기 시작한다. '내가 사람을 잘못 봤구나!' 하는 생각과 함께 배신감이 끓어오른다. 나쁜 사람, 나를 이용해 먹었군! 허탈한 웃음으로 마음을 정돈하고 해야 할 일을 계획한다.

한참 뒤에 알게 된 이야기지만, 당시 앰플 좀 한다는 회사들 거의 이 기계를 시험 가동해 보고 안 돼서 인수를 포기한 거라고 한다. 이 사장은 이를 잘 알고 있었다. 그리고 자기라면 이 기계를 돌릴 수 있다는 자신감이 넘쳐 있었고 시대의 개척자가 되고 싶은 욕심도 사무쳤지만, 기회가 없었다. 그렇다고 가동되면 인수하겠다는

> "이렇게 해서 두 번째 고마운 배신 덕분에 이 분야의 시대적 개척자는 나 혼자가 된 것이었다."

계약금을 걸기는 싫었다. 그래서 내가 인수하도록 부추기는 데 최선을 다했고, 기회를 맞자 열심히 해 본바 안 된다는 걸 깨닫게 되었을 것이다. 서정섭은 유리를 모르는 사람이니 이 기계를 가동하는 것은 불가능하다고 생각했을 것이고, 내 돈 한 푼 안 들어갔으니 좀 미안하지만, 얼굴 보기 전에 도망가자고 생각했을 것이다.

나는 이 사건을 이렇게 논리적으로 정리한 다음 잊어버리고 본격적인 작업에 몰입한다. 이렇게 해서 두 번째 고마운 배신 덕분에 이 분야의 시대적 개척자는 나 혼자가 된 것이었다.

반면교사

이후 3~4년 세월이 흘렀을 즘인 것 같다. 우리 회사는 그간 3배는 커졌고, 그야말로 눈코 뜰 새 없이 바쁜 세월이 순식간에 지난 어느 날. 유리를 잘 아는 어떤 사람이 찾아왔다. 우리 기계 라인의 일부를 카피해서 기계를 만들면, 지금 완전 수동으로 하고 있는 것을 기계화 양산할 수 있는 아이템이 하나 있으니 자기와 동업으로 개발하자고 한다.

당시 1970년대 형광등에는 하나에 하나씩 붙는 미니 전구가 있었다. 형광등에 불이 켜지게 하는 유도 전구라고 하면 될 것 같다. 간단한 것이지만 당시에는 '한일전기'라는 한일 합작회사가 독점 생산하고 있었다.

전구라고 하면 작든 크든 유리 밸브가 필요하다. 빛을 비춰야 하니까. 나는 이 사람이 하는 말 중에 '동업'이라는 말에 갑자기 이 사장의 배신이 오랜만에 머리를 때렸다. 사실 이 사장의 배신에 대해 되짚을 이유도, 그럴 틈도 없이 바쁘게 보내고 있었기 때문이다.

차제에 이 사장의 근황을 좀 알아보게 되었다. 나도 유리 사업을 한 지 3년여인지라 어느 정도 '유리' 하는 사람이면 나를 모르는 사람은 거의 없었을 게다. 누구도 해내지 못했고 아무도 되리라고 생각하지 않던 그 시절, 따라서 제약산업의 큰 축인 주사제약 생산을 당시 전근대적인 완전 수동으로밖에 할 수 없었을 때, 우리 앰플이 생산됨으로써 위생적이고 양산할 수 있는 현대적 방법으로 급격히 발전할 수 있는 계기가 되었기 때문이다.

'유리' 하는 사람 중 내가 아는 사람도 여러 사람 있게 되었다. 이 사람들에게 이 사장의 근황을 물어봤다. 그런데 좀 유감스럽게도 "그 사람 똑똑은 한데 맨날 그 타령"이라고 한다. 남을 이용해 먹고 불리하면 지만 쏙 빠지는 사람이란다. 동종 업계에서 그런 평판이라면 그 업종으로 성공하기는 어렵겠다는 생각이 든다. 나도 그중에 한 사람일지 모르지만, 그를 비난할 생각도, 이유도 없다. 전혀 생소한 분야지만 내가 하게 되는 동기를 부여해 준 사람이기 때문이다.

나는 해냈고, 그는 못 해낸 것뿐이다.

나는 포기하지 않았고, 그는 포기했다. 포기는 편하다. 뒤따를 고행이 없기 때문이다. 하지만 얻는 게 없다. 긍정적인 정서를 바탕에 깔고 사는 사람과 부정적인 정서를 깔고 사는 사람의 사는 방법의 차이일 거다.

아무튼 나는 두 번의 고마운 배신을 겪으면서 반면교사적으로 배운 게 많아서 내 삶에 거름이 되었기에 원망도, 유감도 없다.

3장

가장 고마운 말

⑬ <사랑과 함께 해줘는 고마운 말> '14. 12. 5(JK)

살면서 사랑과 함께 해주시는 고마운 말씀을 나도 많이 들으면서 살아왔다. 칭찬해주는 말, 격려해주는 말, 충고해주는 더 고마운 말씀들을 많이 듣고 살아왔다. 나는 내 스스로이지만 나 혼자의 힘으로만 여기까지 온게 아니다. 바다같은 주변의 사랑과 배려 그리고 첫째 되어온 주변의 조건들 위에 한조각의 배에 몸을 실은 내가 세수라는 항구에 도착해서 뒤돌아보니 그렇단 얘기다. 철이 들어도 한참 늦게 들었다는 생각이다.

나는 9남매의 막내다. 위로 형님이 다섯 분과 누님 세 분이 있다. 늦둥이여서 내 바로 위 형과는 8년 차이이고 맨윗 형과는 이십구년이나 차이여서 내가 어렸을때 두세살 위인 조카가 있고 나와 한두살 차이 조카들 서너명과 뒤섞여 놀며 자랐다. 이미 형수 세분이 있었다.

우리 아버지는 다른 아버지들과는 좀 다른 분이었던것 같다. 보통은 큰아들에게 家를 물려주고 次子들은 살림내보내는게 원칙처럼 되어

사랑과 함께 해주시는 고마운 말

살면서 사랑과 함께 해주시는 고마운 말씀을 나도 많이 들어 왔다. 칭찬해 주는 말, 격려해 주는 말, 충고해 주는 더 고마운 말씀들을 많이 듣고 살아왔다. 내 인생이지만 나 혼자의 힘으로만 여기까지 온 게 아니라 바다 같은 주변의 사랑과 배려 그리고 전개되어 온 주변 조건 위에 한 조각의 배에 불과한 내가 미수(80대 나이)라는 항구에 도착해서 뒤돌아보니 그렇단 얘기다. 철이 들어도 한참 늦게 들었다는 생각이다.

나는 8남매의 막내다. 위로 형님이 네 분과 누님 세 분이 있다. 늦둥이여서 내 바로 위 형과는 8년 차이이고, 맨 위 형과는 29년이나 차이가 났다. 내가 어렸을 땐 두세 살 위인 조카가 있고, 나와 한두 살 차이 조카 서너 명과 뛰놀며 자랐다. 이미 형수 세 분이 있었다.

우리 아버지는 다른 아버지들과는 좀 다른 분이었던 것 같다. 보통은 큰아들에게 가(家)를 물려주고 차자(次

子)를 살림 내보내는 게 원칙처럼 되었을 때다. 하지만 아버지는 집을 사고 전답을 떼어 줘서 큰아들을 살림 내보내고, 둘째도 그렇게 하신 다음, 셋째 아들에게 가를 물려주셨다. 어렸을 때라 그 이유를 나는 모른다.

아무튼 셋째 형님은 부모에게 효도하며 나와 형, 두 동생을 데리고 7천여 평이나 되는 적잖은 살림을 잘해 나갔을 뿐만 아니라, 따로 난 형님들의 일까지 도와주었던 것 같다. 그래서 우리 8남매의 우애는 어느 집단보다 돈독했다. 부모님이 안 계신 이후 셋째 형님이 내 뒷바라지를 다 해 주셨다. 대학 등록금도 다 해 주셨다. 나는 지금까지 이분의 고마움을 잊어 본 적이 없다.

앰플 공장을 시작한 첫해였다. 한여름이었던 것 같다. 내가 붙어서 끙끙대는 기계는 앰플 기계다. 유리관을 LP 가스불로 가열해서 앰플을 만드는 기계다. 한여름에는 땀범벅이 안 될 수가 없다.

서투른 기술자가 하려니 손에 기계 기름투성이일 수밖에 없다. 얼굴에 흐르는 땀을 닦지 않을 수가 없다. 얼굴에도 여기저기 기름이 묻는다. 서투른 기술자의 어쩔 수 없는 모습이다.

몰두하다 보니 뒤에 누가 와서 있는 줄도 몰랐다. 바로 셋째 형님이었다. 한참을 서서 안타까운 마음으로 나를 보고 있었던 것 같다. 나는 허리를 편다. 그때 뒤에 서 있는 형님을 발견한다. 나는 웃으며 반가운 얼굴로 인사를 한다. 형님은 말없이 기름 묻은 내 얼굴을 쳐다본다. 몇 초 침묵 뒤에 화난 표정으로 한 말씀 내뱉으신다.

"땅이라도 팔아 줄 테니 빚 있으면 갚고 취직해. 왜 사서 고생하나?"

'이 미련한 놈아'를 입에 담은 듯 애틋한 눈으로 나를 보시다가 "나 내려간다." 하고 돌아서서 나가신다. 배웅도 못 한 채, 형님의 뒷모습을 보며 가슴이 뭉클하고 눈시울이 뜨거움을 느낀다.

형제가 아니고는 할 수 있는 말이 아니다. 부모를 대신한다는 마음을 가진 형제만이 할 수 있는 말이다.

> "나는 그날 집에 가서도 형님의 말씀을 다시 생각하며 눈물을 닦았다."

나는 그날 집에 가서도 형님의 말씀을 다시 생각하며 눈물을 닦았다. 피는 물보다 진하다는 말이 있다. 눈물 나게 고맙다는 말도 있다. 이런 때를 두고 하는 말인가 싶다.

내가 들어온 많은 고마운 말 중에 최고를 뽑으라면 형이 속상해서 내박으신 이 말이다.

"땅이라도 팔아 줄 테니 빚 있으면 갚고 취직해, 왜 사서 고생하나~! 쯧쯧."

아내의 고마움

사랑과 고마움을 말한다면 내 아내를 빼놓고는 말이 안 된다. 그 사람이 없었다면 지금 여기 내 모습도 없을 것이기 때문이다.

어려울 땐 뒤에서 밀어주는 엔진이었고, 지쳤을 땐 에너지가 되어 끌어주던 그 사람. 아내가 있어 내가 이루고자 함도 유감없을 만큼 이루었다.

사랑하는 그대와 함께 떳떳하고, 행복을 느끼며 살고 있던 그날들이 이젠 그리운 추억이 되어 버렸다. 생각하니 그 사람이 몹시 그리워진다.

어머니가 나를 낳아 주시고, 아버지가 나를 또 한 번 낳아 주시고

사람은 누구나 아버지가 있고 어머니 뱃속을 통해서 태어나기 마련이다. 나는 태어나면서도 그리 순탄치 않았던 것 같다. 어머니 48세에 아버지 51세셨다. 그래서 자라면서 '오십둥이', '늦둥이' 소리를 들으며 자랐다.

부모님은 이미 아들 넷에 딸 셋, 7남매를 두셨다. 바로 내 위 형과는 여덟 살 차이, 맏형과는 33세 차이었다. 어머니는 뜻밖에 나를 임신하셔서 온 집안이 놀랐다고 한다. 어머니가 출산하기엔 고령이어서 안위가 걱정되었던 것이다. 어머니는 나를 임신하고 임신 부종이 왔다니 더욱 그랬을 것 같다.

놀라고 걱정하기는 우리 집보다 외갓집에서 더 했던 것 같다. 외가는 그 일대에서 제일가는 부자다. 평생 자기 땅만 밟고 살아도 될 만큼 대지주였던 것 같다. 내 어려서 들은 것 같기도 한 얘기다.

어머니는 3남매 중 막내로 하나밖에 없는 딸이었다. 나는 외할아버지, 할머니에 대해 아는 바도, 들은 바도 없다. 아마도 어머니를 다 키워서 출가시키지 못하고 일찍 돌아가셨던 것 같다. 그래서인지 외삼촌은 하나밖에 없는 여동생에 대한 사랑이 지극정성이었다.

외가는 마을은 달라도 우리 집과 그리 멀리 떨어져 있진 않았던 것 같다. 어머니 생신날이면 아침만 집에서 드셨다고 한다. 점심만 되면 어김없이 외삼촌은 가마를 보내 어머니를 데려간다. 친정에서 저녁까지 잡수시고 가마로 집에 오신다고 한다. 오죽하면 아버지는 마나님(우리 어머니)에게 옷을 해 드릴 기회가 없었다고 한다. 철철이 친정에서 다 해 주기 때문이란다.

애틋하게 사랑하는 하나밖에 없는 동생이 뒤늦게 임신해서 부종까지 왔다니 외삼촌의 걱정이 얼마나 컸을지 지금 나도 짐작이 간다. 그 일대 유명한 의원(한의사)을 보내 어머니를 진맥하고 애 지우는 약을 지어서 직접 갖다드리도록 했다고 한다. 자칫 내가 이 세상에 나오지도 못할 뻔한 대목이다.

아버지는 생각이 달랐다고 한다. 산모와 태아의 건강

을 위한 보약을 지어서 외삼촌이 보낸 약 대신 보약을 잡수시게 했단다.

많은 사람의 걱정 속에 어머니는 나를 순산하셨고, 출산 후 부종은 물론, 가지고 있던 잔병까지 없어져서 어머니는 건강하셨다. 나는 태어나면서 효자 복덩이란 말을 들으며 자랐다.

어머니의 건강도 좋아지시고, 나도 건강하게 잘 자라면서 나 때문에 한때 서먹했던 아버지와 외삼촌의 사이도 말끔히 해소되었다고 한다.

내가 일곱 살 때 아버지는 나를 건넛마을 서당에 넣어주셨다. 이 마을에 가려면 개천에 놓인 다리를 건너야 한다. 마을 첫 번째 집에 있는 큰 개가 무섭다고 했더니, 아버지는 우리 집 옆의 옆에 사는 나와 동갑내기 장난꾸러기 친구의 아버지를 만나 '글세'는 내줄 테니 나와 함께 서당에 다니게 하라고 하셨다고 한다.

나는 친구와 함께 다니게 되어서 매우 좋았다. 서당 선생님을 '훈장님'이라고 불렀다. 훈장님은 천자문 한 줄을 외워 오라는 숙제를 늘 내주신다. 이 친구는 노는

데 팔려 이 숙제를 종종 안 해 온다. 그래서 훈장님한테 회초리를 몇 번 맞더니 한 달도 채 안 되어서 안 다니겠다고 한다. 나와 같이 잘 놀다가도 서당 갈 시간이 되면 도망간다. 그래서 1년을 나 혼자 다녔다.

내가 여덟 살이 되니 아버지는 합덕공립보통학교에 넣어 주셨다. 이때는 왜정 시대여서 매일 수업하기 전에 학교 뒷산에 있는 신사에 가서 삼배(三拜)하고 수업을 시작했다.

1학년이다. 몇 달 다녔을 때다. 늦여름인지 초가을인지는 잘 모르겠다. 주변 마을에 장티푸스라는, 전염병 중에서도 아주 고약한 전염병이 돌았다. 발생한 동네는 외부로 통하는 길목마다 금줄이 쳐져 있었다. 금줄은 출산한 집 대문에만 다는 기쁘지만 들어오지 말라는 표시인 줄 알았는데, 못된 전염병이 돌아도 쳐진다는 것을 알았다.

이 병은 어린이의 치사율이 매우 높다. 수인성 전염병이다. 끝이 안 보이는 평야 지대에서 남쪽으로 삽교천을 경계로 하는 끝 마을이지만, 가까이 논 사이에 있는 둠

병(빗물 저장)에서 물지게 또는 부녀자들의 물동이로 지고, 이고, 길어 집에 있는 물독에 저장했다가 먹는 건 다른 동네와 다르지 않다. 수인성 전염병에는 절대로 취약한 환경이었다. 가장 고약한 병이라 '염병'이라고 했다. 옆 마을에서 우리 동네로 전염된 첫 번째 환자가 나였다. 주변 사람들 거의 나를 포기했다고 한다. 그런데 아버지는 달랐다. 여러 어려움을 겪고 얻은 늦둥이 막내아들을 지극히 사랑하셨다.

우리 집은 위채, 아래채가 있었다. 안방은 위채에 있다. 어머니, 아버지, 내가 썼다. 나는 그때까지 그러니까 아홉 살 때까지 어머니 젖을 만지며 잔 것 같다. 아래채에는 사랑방이라고 불렸던 아담한 방이 있었다. 주로 아버지가 손님도 맞고, 약주도 한잔하시는 아버지만의 방이다. 옆에 아주 큰 방은 일꾼들이 쓰는 방이다.

내가 그 병에 걸리자 아버지는 즉시 사랑방으로 나를 옮기고, 아버지 허락 없이는 누구도 드나들 수 없다고 엄명을 하시고 24시간 거의 나를 지키고 계셨다. 이 병은 소화기 병으로 고열에 음식을 먹다 체하면 죽는다는 걸 아버지는 알고 계셨던 것 같다. 안채에서 따로 밥상을 들여놓고 가면 아버지가 밥을 먹인다. 이 시간엔 누구도 방문을 열어 보지도 못한다. 온 가족이 아버지의 이 철저한 규칙에 따른다.

아버지는 당신의 입에서 충분히 씹어서 다시 나에게 먹인다. 죽지 않을 만큼 소량이었던 것 같다. 나는 늘 배고파서 먹을 걸 달라고 떼를 썼지만 어림도 없었다.

정월 대보름이었던 것 같다. 나는 회복기에 들어섰던 것 같다. 대보름은 명절 중 하나였다. 그해 풍년을 기원하는 마을 단위 행사 여러 개가 있다. 그중 농악이 으뜸이다. 농악대가 우리 집에 들이닥치면 안마당까지 들어와서 한 해의 안녕과 풍년을 기원하며 한바탕 논다. 농악대원도, 따라다니는 사람도 다 우리 동네 사람들이다. 우리는 이들이 충분히 먹을 만큼 준비한 음식을 내놓는다. 좀 잘 산다는 집에 와서 충분히 얻어먹는다는 의미도 있었던 것 같고, 이 기회에 동네 사람들을 대접한다는 의미도 있었던 것 같다.

온갖 음식에 묻혀 사는 지금보다, 가난했지만 그 시절이 훨씬 인간적이고 정다운 세상이었던 것 같다.

두부가 익어 가는 구수한 냄새가 내 코를 자극한다.

먹고 싶어 죽겠다. 바로 이 사랑방 부엌, 소여물을 쑤어 주는 제일 큰 가마솥이 여기에 있다. 아버지가 마침 안 계신 사이 순두부 좀 달라고 애원을 했다. 하도 졸라대니 안타까운 마음에 조금 떠서 방으로 들어오는 순간 아버지에게 들키고 말았다. 불호령과 함께 두부 그릇이 안마당으로 날아간다. 누님은 크게 꾸중을 듣고 안타까움에 눈물을 떨구며 부엌으로 갔다.

회복이 시작되는 이때가 매우 위험할 때라는 것을 뒤에 알았다. 음식물을 먹고 체하면 속수무책인 상황이 올 수도 있다는 걸 아버지는 알고 계셨던 것 같다.

몇 달 동안 삶과 죽음의 경계를 왔다가 갔다가 한 끝에 회복기에 들어선 것이다. 보통은 걸리고 한두 달이면 결판이 난단다. 아이들의 경우는 거의 사망이라고 한다.

나는 거의 넉 달을 앓아누워 있었던 것 같다. 생각해 보면 나는 죽을 수밖에 없는 아이인데, 아버지의 지극정성과 탁월한 관리 덕분에 오늘 내가 있는 거다. 아버지의 늦둥이 막내아들에 대한 사랑이 하늘에 닿았을 거란 생각이다.

방에서 아버지 부축을 받아 겨우 일어서기는 했는데

걸음을 걷지 못한다. 걷는 걸 잊어버렸는지, 관절이 붙어서인지는 잘 모른다. 방에서 걷는 연습을 좀 하다가 밖으로 나왔다. 이쯤부터는 내 기억이다. 밖으로 나오던 첫날이 음력으로 2월 초인지 중순인지 잘 모르겠지만, 마당 가 풀숲에 서리가 앉았던 걸 기억한다.

이렇게 몇 달 뒤인 것 같다. 아버지는 나더러 학교에 가라고 하신다. 아버지가 걱정 안 하실 만큼 완벽했던 것 같다. 아버지는 나를 데리고 학교 정문까지만 오셔서 혼자 반을 찾아가란다.

지금 생각해도 아버지가 날 가르치는 지혜에 탄복하지 않을 수가 없다. 초인간적인 사랑 없이는 가능치 않았을 거란 생각이다.

나는 학교 복도를 1층에서 2층까지 왔다 갔다 하며 작년 우리 반인 1학년 3반 친구들을 찾는다. 복도를 헤매던 중 어느 여선생님을 만난다. 너는 왜 수업시간에 공부는 안 하고 복도만 왔다 갔다 하느냐고 물으신다. 대강 말씀드리고 작년 1학년 3반이 지금 어디에 있느냐고 물었다. 지금은 2학년 3반으로 아래층 동쪽 끝 교실이라고 가르쳐 주신다.

당시는 학년이 올라가도 한 번 편성된 학생들이 바뀌지 않고 그대로 올라간다. 담임 선생님만 바뀐다.

수업 도중이지만 교실 뒷문을 살며시 열고 들어가 제일 끝쪽 뒷자리에 앉았다. 선생님이 칠판에 뭘 쓰시느라고 내가 들어오는 걸 못 보셨던 것 같다. 내가 들어와서 주위가 좀 산만해졌던 거 같다. 돌아서서 조용히 하라고 말씀하시며 둘러보시다가 나와 눈이 마주쳤다.

"너는 누구냐?"

내가 대답하기도 전에 반 아이들 너도나도 내가 누군지 설명한다.

수업이 끝날 때쯤 나를 부르신다. 나한테 설명을 한 번 더 들으시고, 출석부 맨 끝에 잉크 펜으로 '서정섭'이라고 적어 넣으시며 네가 끝 번이라고 하신다. 그때 출석부는 등사되었지만 나만 펜으로 적어 넣으셨다.

끝나자마자 아이들이 야단이다. 나한테 몰려와 이놈이 묻고 저놈이 묻고 한다. 우리 옆 동네 친구한테 들은 모양이다. 역병에 걸려서 못 살 것 같다고 들었는데, 내가 나타났으니 술렁일 수밖에.

나는 그날부터 수난을 겪는다. 일본말을 못 해서다.

딱지를 몇 장씩 나눠 주고, 조선말을 하면 한 장씩 빼앗긴다. 다 뺏기면 불려 가서 종아리를 맞는다. 종아리는 내가 단골이다. 한국말을 하다가 들키면 딱지를 빼앗기는 건 물론, '바톤'으로 이마를 한 대씩 맞는다. 그때 이마를 하도 맞아서 나쁜 머리가 더 나빠졌는지도 모르겠다.

그날 학교가 끝나고 신작로를 걸어서 집에 가고 있었다. 같은 방향으로 가는 친구들 너덧 명과 장난치며 가고 있었다. 내 뒤에 있는 친구가 나를 툭 치며 저 뒤에 너의 아버지가 따라오시는 거 같다고 한다. 나를 학교에 데려다주고 집에 가셨으리라 생각하며 뒤를 돌아본 나는 깜짝 놀란다. 아버지였다. 병흐 처음 학교에 왔지만 혹시 내가 적응 못 하고 중간에 나오는지 학교 밖에서 지켜보고 계셨던 거다.

정말 아버지, 우리 아버지다. 이런 아버지를 둔 아들이 나 말고 또 있을까 싶다.

회복기에 들어서면서 나는 물도 실컷 마셨으면 좋겠고, 밥도 실컷 먹어 봤으면 좋겠고, 무엇이든 많이 먹고 싶지만, 아버지의 통제하에서는 어림없었다. 대신 아버지는 어디서 구하셨는지는 몰라도 귤을 숨겨 놓으시고 한 개씩 즙을 짜서 내가 갈증을 호소할 때 먹인다. 나는 물을 한 대접 마시고 싶지만, 아버지는 요즘 커피잔의 2/3 정도밖에 안 주신다. 얼마나 지났을까? 아버지는 나를 바깥마당에서 걸음마를 시키신다. 아버지 손을 잡고다. 투병 이후 밖에 나온 건 처음이다.

상쾌하고 기분이 그렇게 좋을 수가 없다. 나도 이젠 살았다는 걸 확인하는 첫날인 것 같다. 밭 가 풀숲에 아직 서리가 내려 있는 걸 보아 2월 초나 중순쯤의 아침이었던 것 같다. 논 하나 건너 사는 분이 아버지에게 아침 인사도 할 겸 나를 보려고 논을 가로질러 건너왔다.

이날은 내가 살아났다는 걸 동네 천하에 공표하는 날이 되었던 것 같다. 나는 이렇게 해서 역병에서 완전히 해방되었고, 몇 달 후 학교에 가게 된다.

어머니가 나를 낳아 주셨기에 분명 내가 오늘 있는 것이고, 아버지가 나를 또 한 번 낳아 주셨기에 분명 내가 오늘 여기에 있는 것이다.

어머니는 본론에서 수차 언급하였지만, 큰 부잣집 3남매 중 하나밖에 없는 막내딸이셨다고 한다. 그래서인지 몰라도 후덕하고 자애로우심은 타고난 성품이셨던 것 같다.

내 나이 예닐곱 살 때다. 왜정 말기 쌀은 거의 수탈당하고 기근까지 들어 아사자가 발생하는 때였다. 우리 집에서는 보리밥을 먹어도, 어머니 앞치마 폭에 숨긴 밥은 쌀밥이었다.

우리 마을은 당시 10가구 정도였던 것 같다. 어머니가 향하는 집은 가난한 집에 임산부가 생겼던가, 또는 가난한 집 아이가 못 먹어서 영양실조로 시름시름 앓고 있는 집이었다. 우리 마을에서 밥술이나 먹고사는 집은 토박이 우리 집과 양철지붕 집, 두 집이었다. 이 집은 별채를 신식(일본식)으로 잘 짓고 지붕을 양철(함석)로 덮은 인근에서 이름난 집이었다. 그래서 양철지붕 집으로 불렸다.

나이 먹은 마을 부녀자들은 이 집엔 가지 못한다. 수시로 일본 순사들이 드나드니 무서워서였던 것 같다. 오로지 우리 집 안채 마루 어머니가 계신 곳이다. 어머니는 이분들을 통해서 마을 집집의 사정을 잘 알고 계셨던 것 같다. 어느덧 해방되었고, 모두가 환호성이지만 양철 지붕 집은 수난의 시대를 맞게 되었다.

내 이야기

1967년 10월 9일, 나는 결혼을 한다. 나이 서른한 살이고, 남산 드라마센터에서 식을 올렸다. 나는 다니는 회사에서 계장이란 직급으로 열심히 일하고 있을 때다. 상대는 공주에서 가장 역사가 깊다는 중동초등학교 교사로 재직 중인 홍○○ 선생이었다.

지금 이 글을 쓰고 있으려니 가슴이 먹먹해지고 눈시울에 눈물이 가려 좀 쉬었다 써야겠다. 1년 전 나를 떠나 저세상 사람이 되었기 때문이다.

이 사람은 공주에서 태어나 자라고 사범학교를 거쳐 바로 직전 교장이 자기 아버지였던 모교에서 재직 중이고, 나는 이 사람보다 몇 년 전에 공주고등학교를 졸업(1958년)했기에 공주는 제2의 고향으르 지금도 태어난 곳보다 더 애착하는 곳이다. 장인은 벌써 안 계시고, 예비 신부가 장모님을 모시고 공주에 살고 있다.

큰 처남은 성북동에서 큰집에 잘살고 있는 것 같았

다. 서울 최고 고등학교 수학 선생이라고 했다. 이분이 혼사를 주관하기에 찾아갔다. 결혼 두세 달 전이었던 것 같다.

나도 결혼이 닥쳐오니 좀 큰 방으로 옮기려고 몇 군데 다녀 보고 있었다. 신혼부부가 살다 옮기려고 내놓은 방 몇 군데를 봤다. 하나같이 농짝, 재봉틀, 화장대가 방의 반 이상을 차지하고, 실제 사람이 써야 할 부분은 얼마 되지 않았다. 나는 이게 마음에 안 들었다. 그래서 찾아간 것이다.

예비 사위가 왔으니 주안상을 잘 차려왔다. 퇴근 후 저녁 먹고 전화로 예정한 시간이다. 술 몇 잔이 오가니 주기가 살짝 오른다. 내가 왜 왔는지 궁금해하는 것 같다. 나도 주기에 용기를 얻어 말을 한다.

"우리 결혼 때 농짝을 해 주실 겁니까?" 하고 정중하게 물으니 이분 까칠한 사람이라고 들은 대로 까칠한 대답이다. "그건 내 일인데 자네가 왜 묻나?" 하며 좀 불쾌한 표정이다.

나중에 생각해 보니 나도 못지않게 능글맞았던 것 같다.

"사 주시려면 집도 함께 사 주십시오."

조금 떨어져 앉아 있던 처남댁이 경악하는 눈치다. 어쩌다 깡패 사위를 얻었나 생각하는 것 같다. 처남은 난감한 표정이다. 채워져 있는 잔을 마시고 처남에게 잔을 넘겨주며 웃는 표정으로 "사지 마시라는 겁니다." 했다.

이어 그동안 신혼 방을 얻으러 다니면서 느낀 것을 이야기했다. 입이 귀에 걸릴 걸 참는 표정이 역력하다. 손해엔 언짢고 이익에 좋은 건 인지상정이다. 그날 내가 어떤 사람인지도 보여 주는 좋은 기회가 되었던 것 같다.

열 번째 이사는 내 집으로다. 1977년쯤인 것 같다. 1975년에 사원 기숙사, 식당, 휴게실까지 완성하고, 집을 사기로 마음먹는다.

신혼살림은 도봉산 근처 수유리라는 곳에서 시작했고, 첫 번째 이사가 돈암동이다. 충남 고향에서 서울로 진학한 조카딸을 데리고 있게 돼서 여기서부터는 방 두 개가 필요하게 됐다.

얼마 안 되어서 집사람이 공주에서 당시 서울 관악구

에 있는 학교로 전보 발령을 받는다. 물론 본인이 원해서다. 그때만 해도 이런 여유가 좀 있었던 것 같다. 주말부부로 근 1년을 살았으니 반갑기 그지없는 일이다. 그래서 집사람 위주이긴 하지만, 나도 교통이 좋은 노량진역 앞 동네로 이사한다. 이게 두 번째 이사다. 집주인 할머니가 아주 좋은 분이어서 이 집에서 3년을 사는 동안 첫째 아들(현 사장)을 얻고, 백 일경에 창업하게 된다. 셋방 아홉 번 이사 중에 가장 기억에 남아 있는 집이 이 집이다. 3년 뒤, 이 집을 팔고 아들 집으로 가는 할머니의 사정으로 서로 섭섭함을 나누며 헤어진 집이어서 기억이 생생하다.

이제부터는 상황이 달라진다. 집을 얻으려면 집이 아니고, 셋방을 얻으려면 아이가 있느냐고 묻는다. 있다고 하면 몇이냐고 묻는다. 하나라고 하니 좋다고 한다. 상황이 이렇게 달라진 것이다. 그때 나는 여러 경우를 겪지만, 셋방살이가 괴롭다든가 집 없는 설움이라든가 흔히 하는 말이지만 그런 부정한 말이나 생각은 가져 본 적이 없다. 당시 나에겐 당연한 일로 치부되었고, 내 일에만 열심이었다.

쓰다 보니 그 사람 그리움에 눈시울이 뜨겁다. 모든 가사(家事) 문제는 아내가 떠맡아 주었기 때문이다. 이제 나는 내 일에만 열중할 수 있는 행운아가 된 게 이때부터였다.

세 번째 이사 간 집은 단층 기와집인데, 크고 잘 지어진 새 집이었다. 작은 마당을 사이에 두고 부엌이 딸린 방 하나를 따로 지어서 세를 줄 목적이었던 것 같다. 우리에겐 안성맞춤이었다. 따라서 집세도 비쌌지만, 그만한 형편은 되었을 때다. 방 둘이 필요하니 안채 끝 부엌방도 쓰기로 했다. 새로 잘 지은 집이어서 넓은 대청마루가 있고 끝에 부엌으로 직통하는 문을 열면 마루 높이와 같은 부뚜막이 있어서 슬리퍼 하나면 드나들 수 있는 신식 집이었다. 유심히 관찰했기에 지금도 기억한다.

당시 우리 아이는 돌이 채 지나지 않아 기어 다니기 만능인 선수였다. 어느 날 마루에서 놀다가 기어서 부뚜막으로 넘어갔고, 따뜻한 바닥이니 잘 놀고 있었을 것이라 아기 보는 아이도 안심하고 아기로부터 잠시 눈을 뗐을 것이다. 1~2분이었는지, 그보다 더 짧은 시간이었는지도 모른다. 그사이에 아기가 부뚜막에 예쁘게 실례를 했고, 그것도 '소실례'가 아니라 '대실례'였다. 마침 주인아주머니가 이걸 보고 고래고래 소리를 질러댔다고 한다. 아기도, 아이도 놀라서 울었을 것이다. 예쁜 실례였다고 하니 치우고 닦는 데도 잠깐이었을 게다. 그런데도 주인아주머니의 질책은 좀 길게 이어졌다. 아기와 아이가 우리 방에서 울고 있을 때는 마침 집사람이 퇴근해서 집에 도착한 시간이었던 것 같다. 그 상황에서 함께 울지 않을 엄마는 없을 것 같다.

내가 퇴근해서 평소 같지 않은 집사람의 얼굴에서 무슨 일이 있었음을 직감한다. 지금 당장 무슨 일이냐고 묻는다면 상황이 되풀이될 것이어서 나는 일부러 더 행복한 얼굴로 아내와 아기의 얼굴을 비벼 준다. 아내 또한 심지(心志)가 깊은 사람이어서 내가 저녁을 잘 먹을 때까지 얼굴에 참을 인(忍) 자를 붙이고 있음을 내 어찌 모르겠는가?

사려 깊은 아내와 한평생 살면서 '어렵다, 힘들다, 고생이다'라는 말은 단 한 번도 써 본 적이 없다. 원래 부정적인 말을 싫어하지만, 아내 없이는 불가능했을 것이다.

그날 저녁 조용히 상황을 듣는다. 그리고 다음 날 출

근길에 복덕방에 들러 방을 다시 얻어 달라고 부탁한다. 예상대로 복덕방 아저씨는 입에 거품을 물고 나인지, 집주인에게인지 모를 야단을 한바탕 내가 듣는다. 이 아저씨는 고향 선배이자 제정 때 우리 둘째 형과 공민학교(초등학교) 동창이어서, 내가 안심하고 방을 부탁한 지 몇 번째인 것 같다.

"복덕방 비는 물어 준다던가?"

묻는다.

"내가 이사하는데 그 사람이 왜 물어 줍니까?"

"그냥 참고 살면 안 되냐?"

"나 방세 다 내고 사는 사람입니다. 왜 우리를 싫어하는 사람과 함께 살아야 합니까. 비용(복덕방 비)이 좀 들어도 기분 좋게 살려고 합니다. 다니다 보면 서로 맘에 드는 사람이 있겠죠."

이렇게 해서 3개월을 채 못 살고 이사를 한다. 이 집 바깥주인은 좋은 사람이었다. 자기 집으로 이사 와 줘서 반갑다고 술 한잔하면서, 한 지붕 밑에서 한 가족처럼 살자고 했다. 이사를 몇 번 해 봤지만 이런 사람은 처음이었다. 내가 이사한다는 것은 이 사람에겐 갑작스러운 일이었을 터이다. 부인에게 자초지종을 물어 알게 되었는지, 선약이 잡히실까 봐 일찍 한다며 출근해서 얼마 안 된 시간에 전화로 저녁을 꼭 자기 집에서 같이 하자고 한다.

사양을 몇 번 했으나 "꼭 이요. 꼭 이요."를 반복하는 그 사람의 말에 "알겠습니다."로 약속이 된 것이다. 깜짝 놀랐다. 좀 지나칠 정도의 진수성찬이다. 예감했던 대로 분위기가 심상치 않다. 천연덕스럽게 "오늘 무슨 좋은 일이라도 있으십니까?" 하며 앉자마자 저만큼 자기 뒤에 무릎 꿇고 앉아 있는 부인에게 노기 띤 채 "큰 소리로 사과드려." 한다. 나는 즉시 말했다.

"무슨 말씀인가요? 저에게 사과하실 일이 뭐가 있고 제가 사과받을 일은 전혀 없습니다. 사모님 안 들어가시면 저 일어섭니다."

둘이 되었다. 이 사람 또 나에게 정중히 사과한다.

"우리도 아이들 키우며 셋방살이 다 해 봤습니다. 그런데도 저 사람이 실수해서 화 좀 낸 겁니다. 양해해 주세요."

"벌써 며칠 전 지나간 일인데 잊읍시다." 하고 채워진

잔을 마시고, 그 사람에게 잔을 건네고 술을 따랐다. 이 잔을 마시기 전에 드릴 말씀이 있다며 "우리 집에서 이사 가지 마세요." 하고는 "약속의 잔입니다." 하며 잔을 건넨다. "알겠습니다."로 대답하고 주거니 받거니 하다가 주기가 상당한 수준에 있음을 깨닫는다. 나도 감정이 있는 사람이라 더 가다가는 내가 실수할까 봐 내일 일찍 출장을 핑계로 서둘러 자리를 마감한다.

'이사 다니다 이런 좋은 사람도 만나는구나!' 생각하며 고마운 마음으로 내 생각을 정리한다. 그렇다고 내 마음이 바뀌는 건 아니다. 그 사람들 때문에 이사 가는 게 아니라 나 때문에 이사 가는 것이기 때문이다.

1969년 창업 이래 1977년, 열 번째 이사가 우리 집이다. 다 같은 건 아니다. 2년 이상 산 집도 서너 군데는 됐던 것 같다. 아이가 둘이 되면서 더욱 그랬던 것 같다. 나는 한 지붕 밑에 두 집이든, 세 집이든 살면서 아침에 만나 웃는 얼굴로 반가운 인사 정도는 하면서 사는 게 정상이라고 생각한다. 그렇지 못한 환경이었을 때 참고 사는 게 아니라 스스로가 나은 곳을 찾아간다는 게 내가 사는 스타일이어서 많이 이사 다닌 것도 같다. '절이 싫으면 탓하지 말고 중이 떠나면 된다'라는 말이 그 뜻이 아닌가 싶다.

이사는 비용만이 문제가 아니다. 살림을 꺼내서 싣고 내려서 넣는 게 너무 힘들고 어려운 일이어서, 이사라는 말 자체가 이를 함축하고 있어 안 하거나 덜 하는 게 상책이다. 하지만 남의 집에 사는 한 상황에 따라 발생하는 원치 않는 일이다.

그렇다면 이사를 쉽게 하는 곳을 찾는 게 상황 논리가 아니겠나. 그래서 나는 결혼 전에 처가에 가서 농짝을 사지 말라고 했다. 원래 우리 방(셋방)에 있는 살림은 철제 캐비닛 한 개와 작은 철 책상이 전부였고, 집사람이 가지고 온 알루미늄 고리짝 두 개와 앉아서 쓰는 화장대 하나가 추가되었을 뿐이었다.

당시 흔했던 삼륜차 하나면 충분하고도 남았다. 앞엔 기사, 옆엔 나와 집사람이 타고 목적지에 가서 기사에게 한 시간 정도 비용을 주고 도움을 얻어 들여놓으면 이사는 끝이었다.

당시 나는 이런 건 삶의 과정에서 생기는 일상 중의

하나일 뿐 '일'이라고 생각하지도 않았다.

지금 내가 하고 있는 '일'은 한 산업 분야가 구시대에서 신시대로 가려면 반드시 건너야 하는 다리를 만드는 '일'이다. 여기에 내 전부를 쏟아붓고 있다. 이것만이 오로지 내 '일'이라고 생각해서다.

1969년에 시작해서 1971년 초, 각고 끝에 완벽한 규격 앰플을 생산한다. 내가 인수한 기계를 가동해서다. 이 기계는 일본제였다. 거기서도 20여 년 전 기계화 생산 초기에 썼던 것이라고 한다. 이 기계를 가동해 보려고 수동 앰플을 다루는 십수 명이 붙었지만, 누구도 가동하지 못했다는 것은 이미 앰플 업계(수동)에서는 공공연한 사실이었다. 이 기계는 '안 되는 기계'라는 이름 하나를 더 얻었다는 것을 나만 모르고 있었다.

이렇게 해서 문외한인 내가 이 분야의 개척자가 되었고, 주사제약산업의 현대화 생산(수동에서 기계로)이 가능하게 되었던 것이다.

4장

앰플과 바이알 이야기

(3) 5

Ampoule 이야기

1969년 3月 6日쯤이었다 나는 벌써 3일째 기계앞에서 있다. 특별히 하는게 없다 아무것도 안하고 있는 것도 아니다. 머리속에선 열심히 일을 하고 있다. 사실 나는 기계쟁이도 아니고 기술자는 더 더욱 아니다. 하지만 그 기계앞에 나. 내 앞의 이 기계와의 만남은 가히 운명的이지 않을 수가 없다. 목적이 있어 예정보단 좀 빨라지긴 했지만 누가 시킨것도 아니고 우연 한것도 아니다. 내가 내 운명을 걸고 결정한 일이기 때문이다.

누가 당시에 결정을 평가 했다면 어리석거나. 무모하거나. 용감하다거나. 이중에 하나였을 것 같다. 하지만 나는 어리석거나 무모하진 않았다. 지금 생각해도 용감 했더다.

그러나 뭘 좀 알아서 용기가 있었던건 분명 아니다. 당시 내가 알고 있던 유리의 상식은 판유리와 병유리 그리고 우리 세상에 나온지 얼마 안되는 강화유리 뿐이었다.

약을 담기전 앰플은 어떻게 생겼는지

앰플의 시작

1969년 3월 5일쯤이었다. 나는 벌써 사흘째 기계 앞에서 있다. 특별히 하는 게 없다. 아무것도 안 하는 것도 아니다. 머릿속에선 열심히 일하고 있다. 사실 나는 기계쟁이도 아니고 기술자는 더더욱 아니다. 하지만 기계 앞의 나, 내 앞의 기계와의 만남은 가히 운명적이지 않을 수가 없다. 곡절이 있어 예정보단 좀 빨라지긴 했지만, 누가 시킨 것도 아니고 우연한 것도 아니다. 내가 내 운명을 걸고 결정한 일이기 때문이다.

누가 당시 내 결정을 평가했다면 어리석거나 무모하거나 용감하거나, 이 중 하나였을 것 같다. 하지만 나는 어리석거나 무모하지 않았다. 지금 생각해도 용감했다.

그러나 뭘 좀 알아서 용기가 있었던 건 분명 아니다. 당시 내가 알고 있던 유리의 상식은 판유리와 병유리 그리고 세상에 나온 지 얼마 안 되는 형광등 유리뿐이었다.

약을 담기 전 앰플은 어떻게 생겼는지, 어떻게 만들어지는지, 보지도 듣지도 못한 것을 하겠다고 결정했으니 '무식하면 용감하다'라는 말의 뜻에서 그리 멀지는 않을 것 같다. 지금 생각해도 그렇다.

그러나 동기는 분명하다. 시도해 봤지만, 누구도 하지 못했다는 것. 선진국(일본)에선 지금 내가 하고자 하는 것보다 훨씬 발전했다는 것. 거기나 여기나 사람이 한다는 것. 그래서 내가 해내면 우리나라에서 개척자가 된다는 것이다. 나는 여기서 매료된다. 뒤에 생각해 보니 만에 하나 나에게 사전 지식이 있었다면 아마도 이런 결정은 못 하지 않았을까 싶다.

아무튼 나는 사나흘 동안 기계를 파악하며 공부한다. 역시 기계는 기계다. 앰플을 만드는 마지막 동작을 유도하는 구조다. 구조적으로 기계를 파악한다. 가변적인 요소가 있는지 파악한다. 기계는 설계된 대로 잘 돌아간다. 가변적인 요소도 없다.

> "그래서 내가 해내면
> 우리나라에서
> 개척자가 된다는 것이다."

안 되는 이유에서 기계를 탓할 수는 없다. 그래서 기계는 기계다. 안 되는 이유에서 기계는 해방된다.

나 이전에 여러 사람이 이 기계를 테스트했다고 한다. 수동으로 앰플을 생산하는 업자들이었을 테고 그래서 업계에 이 기계는 안 되는 기계, 돗 쓰는 기계로 알려졌다는 사실을 당시 나만 모르고 있었던 것이다.

다음엔 가스버너를 관찰한다. 유리관이 가공될 수 있는 온도(소프트닝 포인트)까지 익혀질 수 있는지다. 가스는 프로판가스다. 여기에 산소를 가(加)해서 온도를 조절한다. 여기에도 아무 이상이 없다.

다음은 앰플을 만드는 원자재 유리관이다. 완전히 수동으로 생산된 유리관이다. 기계에 투입하니 안 된다. 수없이 반복해 본다. 될 때도 있다. 수없는 테스트 끝에 '되는 것은 15%, 안 되는 것은 85%'라는 데이터를 얻으면서 원자재의 규격 품질을 집중 관찰한다.

작은 용광로에 녹아 있는 유리 물을 대롱에 찍어서 한껏 마신 호흡의 공기를 대롱을 물고 불면서 뒷걸음으로 당기고 공기의 압력과 뒷걸음 속도를 조절하여 유리관의 굵기와 두께를 가능한 한 일정하게 생산한다.

이 얼마나 어려운 일인가. 그리고 숙련도야말로 신기

에 가깝다고 생각하면서 이 작업을 처음 봤을 때 감탄하지 않을 수가 없었다.

당시에 내가 보기엔 똑같은 관으로 보였다. 그런데 지금 이 유리관이 기계에서 앰플이 되고 안 되는 절대 조건이라는 것을 알게 되었고, 따라서 이 유리관을 어떻게 관리할 것인가에 대해 열심히 연구한다.

기계는 0.2mm(유리관의 둘레) 이상의 편차를 허용하지 못한다는 수많은 실험을 거쳐 얻은 조건에 유리관을 분류해서 맞추고, 유리관의 분류에 따라 기계를 조정한다. 그러나 관의 분류에 따라 기계를 조정한다는 게 결코 쉬운 일이 아니었다. 이거야말로 기계쟁이가 하는 일이다. 내가 쟁이가 되기로 작정을 했으니 나는 열심히 할 수밖에 없다.

아무튼 이렇게 해서 투입된 원자재 대비 50% 정도까지 수득률을 올린다. 안 된다는 기계를 이만큼 되게 했으니, 성공이라고 할 수는 없어도 가능성을 확신하게 되었다는 데 스스로 자위하면서 심호흡으로 자세를 가다듬는다.

말로는 간단하지만 여기까지 오는 데 4개월이 걸렸

다. 이 정도면 현상 유지하는 데는 문제가 없다는 생각에 더욱 열심히 하면서 이제 영업(판매)을 해 볼 생각이었다.

열심히 일하고 있던 어느 날, 우리 공장에 프로판가스를 공급하는 사람이 가스를 갖고 와서 먼저 사장이 왔었냐고 한다. "그 사람이 여길 왜 와요." 했더니 방금 누군가가 우리 공장 앞에서 걸어 나와서 지프차를 타고 가는 것을 보았다는 것이다.

아차! 내가 일에 집중하다 기계를 살 때부터 염려했던 일을 잊고 있었다. 바로 노량진 세무서로 달려간다. 영업 감찰증을 신청하고 이삼일 내에 꼭 나올 수 있게 해 달라고 담당자는 물론, 위 과장한테까지 부탁했다.

고맙게도 사흘 만에 발급받아서 액자에 넣어 잘 보이는 공장 벽에 걸어 놓았다. 그리고 인수할 때 계약서, 영수증 등을 가지런히 해서 잘 보관한다. 정상적으로 인수는 물론, 업무로서 세무서에 사업 신고를 하고 그 증명을 받는 것이다. 이 공장은 내 공장이라는 객관적 증명을 갖춰 놓은 것이다. 혹시 그들의 송사에 말려들지 않기 위해서다.

뒤에 들은 이야기지만, 전 사장이 고리대금업자를 데리고 와 공장 안이 잘 보이는 문 앞에 서서 안에서 일하는 사람이 공장장인데 열심히 잘하고 있으니 잘 돌아갈 거라고 대금업자에게 확인시키고 가서 어음과 수표를 상당히 발행했다고 한다.

그 후 드 달쯤 뒤였던 것 같다. 나는 이미 적은 양이지만 영업을 하고 있었다. 열심히 일하고 있던 어느 날 갑자기 나이가 지긋하고 건장한 두 사람이 문 앞에서 나를 부른다. 집달리다. 대금업자는 지프차에 앉아 있다. 주소를 확인한다. 그리고 이종남 사장을 찾는다.

상황을 파악한 나는 "이종남 사장이 아니고 서정섭 사장입니다." 했다. 당찬 목소리의 대답을 듣더니 좀 당황하는 기색으로 주머니에서 꺼내 보여 주며 이걸 집행하러 왔다는 것이다.

"그럼 7개월 전에 오셨어야지요. 많이 늦었네요."

나는 여유 있는 농담조로 얘기한다. 그래도 벽 적당한 곳에 붙이고 가겠단다. 돈 받고 하는 일이니 그들의 입장은 그렇겠지만, 내게는 용납이 안 되는 일이다. 그들의 송사에 불려 다니는 일이 생길 수도 있기 때문이다.

나는 정색을 하고 소리를 빽 지른다.

"여보쇼! 당신 같으면 당신에게 집 팔고 간 사람 앞으로 나온 영장을 당신 집에 붙이겠소! 법을 집행하러 다니는 사람이 그런 상식도 없어요! 경고합니다. 만일 한 발짝이라도 내 집 안으로 들어온다면 백주에 무단침입자요. 나는 정당방위를 할 것이고, 발생할 수 있는 사고의 책임은 당신에게 있소! 가시오."

기름때가 여기저기 묻은, 별로 크지도 않은 녀석의 당돌함이 믿기지 않았는지 자기 어깨로 내 어깨를 밀어 본다. 내 어깨에 닿는 순간 그 사람의 팔이 뒤로 꺾인다. 고등학교 때 배워 둔 유도 기술을 필요할 때 가끔 써먹는다. 이 사람 깜짝 놀라며 뒤로 물러선다. 그리고 두 사람 서로 눈 사인을 하더니 인사도 없이 돌아서서 지프차로 간다. 좀 이야기를 하더니 타고 가버린다.

내 예상에 한두 번은 더 올 것 같다. 더금업자가 강제집행을 면탈하려는 위장 매매를 강하게 의심하고 있는 것으로 보였다.

예상대로 며칠 뒤에 또 왔다. 이번엔 타협하러 왔단

다. 기계를 어디로든 옮기지만 말라는 것이라며, 점유 이전 금지 가처분 영장이다. 그 또한 이종남의 이름으로다.

"실은 나도 며칠 외부 일을 못 봐서 문제요. 이로 인해서 발생하는 내 손해는 책임지겠소?"

청구하면 당연하단다. 안 받으면 고만인데 왜 내가 송사를 하겠냐고 하며 못 받는다고 했다. 정 그렇게 의심스러우면 내가 받을 수 있게 해 오라고 했다. 그리고 그들은 돌아갔다.

얼마 뒤 또 왔다. 이번엔 내 이름으로 점유 이전 금지 가처분을 가지고 왔다. 공탁금을 걸었을 거다. 대금업자의 의심이 매우 강하다는 것을 알 수 있다.

하기야 돈을 많이 떼였을 터이니 이해가 안 가는 바는 아니다. 공장 구석에 붙여놓고 박스를 싸서 가려놓고 일을 한다. 이제 더 올 일이 없으니 밀려 있던 밖의 일을 본다.

조금 염려되는 점이 있다. 그 사람은 이미 안양교도소에 구속된 상태다. 남의 돈을 거짓말로 떼먹을 수 있는 사람이니 대금업자의 미끼에 거짓 증언이라도 한다면 나에게 번거로운 일이 생길 수도 있기 때문이다. 그래서 나는 전 사장 집을 찾아가서 부인에게 일러둔다.

"어음수표법은 3~4개월 살면 나올 수 있지만, 만에 하나 거짓 증언을 해서 나에게 문제가 생기면 나는 사기로 고발할 수밖에 없어요. 사기는 2년일지 3년일지도 모르니 대금업자가 세 번이나 왔다 갔다는 것과 지금 드린 말씀을 꼭 전하세요. 오늘이라도 면회 가세요."

기계를 살 때 나를 겪어 본 사람이어서 그럴 리는 없을 것 같긴 하지만.

원자재의 어려움은 있지만, 그래도 나는 매우 바쁘게 돌아간다. 문제가 있는 이상 머리로는 궁리에 궁리를 거듭하며, 몸으로는 그에 따른 변화의 실험을 거듭하는 게 내가 일하는 스타일이다. 완전히 수동으로만 일하는 사람들의 특징을 이미 경험해 본 바가 있다. 늘 하던 대로 하는 것과 좀 더 신경을 기울이면서 하는 일의 결과 차이는 생각 이상으로 크다는 것이다

나는 직접 유리관을 생산하는 사람, 즉 기술자(기능자)와의 소통에 노력한다. 그를 최고의 기술자로 변화시키

기 위한 내 노력이다. 늘 하던 대로가 아니고 당신이 가지고 있는 그 좋은 기술을 최고로 발휘해 보라는 것이다. 나는 당신이 만든 그 유리관으로 새로운 방법, 즉 기계로 앰플을 생산한다. 그래서 얻은 좋은 결과를 공유한다는 것이다. 사람이 하는 일이라 한계는 있겠지만, 더 나은 결과가 있으리라고 확신하기 때문이다. 획기적일 수는 없지만 노력한 만큼 얻어지는 결과를 보면서 나는 가는 시간을 못 느낄 정도로 일에 몰두한다.

어느덧 세월은 흘러 해가 바뀌고 봄이 가까이 와 있던 어느 날, 1970년 2월쯤인 것 같다. 60세쯤은 되어 보이는 점잖게 생긴 분이 찾아왔다. 이틀 전에도 왔다가 내가 외출 중이어서 다시 왔다며 미안할 정도로 정중하게 인사를 청한다. 수인사가 끝나고 명함을 주다 보니 사법 서사다. 미안하다는 말부터 한다. 대금업자의 일을 한다면서 그동안 끼친 결례를 대신

> “
> 획기적일 수는 없지만
> 노력한 만큼
> 얻어지는 결과를 보면서
> 나는 가는 시간을
> 못 느낄 정도로
> 일에 몰두한다.
> ”

사과한다고 한다. 나는 조금 어리둥절해서 대답 없이 묵묵히 듣고만 있었다.

실인측 대금업자가 내 이름으로 영장을 받을 때 걸은 공탁금이 내 예상보다 많은 천여만 원이었단다. 내가 인수한 금액이 150만 원인 것을 다 보고 갔으니 한 500만 원 정도 되지 않을까 했는데, 예상보다 너무 많은 금액에 놀랐다. 대금업자가 돈을 많이 떼인 것 같다. 청구 금액이 많으니 많은 공탁금을 걸지 않았나 생각된다. 이 사람 주머니에서 서류 한 장을 꺼내 놓으면서 읽어 보고 선처를 바란단다. 서명 날인해 달라는 것이다.

공탁금을 환수하려면 내 동의가 반드시 필요하기 때문이다. 이 사람 하는 얘기가 나는 싼값에 공장을 차지하였지만, 자기네는 한 푼도 건지지 못하고 거금을 떼였다며 부탁한다고 한다. 듣고 나서 나는 성질을 발끈 낸다.

"여보세요. 나는 그 사람이 이 공장의 전 주인이라는 사실, 나는 그 사람으로부터 이 공장을 샀다는 사실밖에는 그 사람에 대해서 아는 바가 없소. 당신네는 그 사람을 알기에 거금을 거래한 게 아니겠소. 당신네는 그 사람과 대차 관계지만, 나는 그 사람으로부터 이 공장을 상당한 값을 주고 산 것뿐이오. 매도 매수자일 뿐이오. 뭘 내가 차지합니까. 이 양반들이 아직도 제대로 파악이 안 된 분들이네. 나도 당신네 때문에 입은 손해도 산정해 봐야겠고 하니 그냥 돌아가시오." 하고 보냈다.

한 주쯤 지나서 전화로 시내에서 만나자고 간곡히 말한다. 점심을 거하게 사면서 해 달란다. 나도 명예적으로나 심적으로 손해가 크다, 100만 원 배상을 안 하면 못 찍어 준다고 하고 돌아왔다. 별 노고 없이 남의 돈을 받아 본 적이 없는 나라 좀 마음에 걸리는 것이 있다. 집달리가 와서 나하고 시비한 두 번을 제외하곤 내가 본 손해는 없다. 전화가 왔다. 그냥 주기는 좀 어려우니 소송으로 두 배쯤 청구하란다.

그쯤 해서 나는 엄청 바빠진다. 수율도 약 60%쯤 올라가니 이제 조금 이익이 난다. 두 주쯤 지난 것 같다. 시내에서 만나자고 간곡히 조른다. 서른네 살 때다. 60은 되어 보이는 점잖은 분이라 다시 만나 줬다. 예상했던 대로다. 손해가 너무 가중되니 좀 생각해 달라는 거다. 사실 내가 심상했던 건 가처분은 취소 없이 공탁금만 해지해 달라는 나를 무시하는 행위였고, 매우 불쾌했다. 완벽한 서류를 가지고 회사로 오라고 했다. 해 본 적 없는 불로 소득이란 찝찝함으로 내 머리를 오염시키기도 싫고, 별 잡념 없이 일에만 열중하고자 이 문제를 이렇게 정리해 버린다.

나는 일에 열중하다 보면 세월이 가는지, 시간이 가는지를 잊을 정도로 몰입한다. 겨우 현상 유지를 하는 것도 그동안 경험에서 얻은 지식과 긍정적이고 논리적인 내 사고를 바탕으로 머리에서 짜낸 방법을 남이 감동할 정도로 열심히 하는 용기가 있었기에 어렵던 한 시기를 버텨내지 않았나 지금 생각해 본다. 시대는 발전하지 후퇴하지 않는다는 게 내 확신이었고, 당시 사회 분위기도 후진에서 탈피하려는 발전 욕구의 꿈틀거림에 나도 일단 동행하고 있었던 것이다. 궁극적 문제인 원자재 유리관을 내 힘으로 해결할 수 없다는 것을 알면서도 기계로의 현대적 생산은 내가 한다는 초심에 변함없이 노력하고 있었다.

한국유리를 만나기까지

1970년 말쯤이었다. 당시 대기업이던 한국유리에서 전화가 왔다. 자기네가 생산한 의약용 유리관으로 우리 기계에서 앰플 생산을 실험해 보겠단다. 수동 앰플 공장에서 시험 생산해 봤지만, 유리관이 기준에 맞는지를 알 수가 없다고 한다. 당연하다. 손으로 만들고 있으니 수치로 나오는 결과를 알 수가 없는 것이다. 우리나라에 하나밖에 없는 한국앰플공업사다. 나는 대환영이다. 다음 날 당시 세 발 트럭에 상당히 많은 관을 싣고 왔다.

기계에 관을 투입해 생산해 본다. 완벽하다. 당시의 감동을 난 잊을 수가 없다. 앰플이 기가 막히게 잘 만들어진다. 이제 고생 끝이라는 생각이 들었고, 행복도 뒤따를 것이라 생각했다.

한국유리는 인천에 공장이 있고, 전쟁 시기 제주도에 공장을 두고 군에 식품을 공급하는 사업을 해서 돈을 벌었다는 최태섭 회장이 창업자다. 일본에서 기술 도움을 받아 우리나라 최초의 판유리공장을 설립해 국가 발전에 크게 기여하셨다는 이분의 이름을 알게 되면서 나도 존경하게 되었다.

새마을 운동이 한창이던 시절 한국유리가 생산하는 판유리는 필수 자재였다. 새집은 유리문으로 지었고, 빌딩 건축에도 당연히 필수였을 뿐만 아니라 옛날 창호지 문에도 유리 조각을 붙여서 밖을 내다보던 시절, 판유리는 시대적 필수 자재였으니 한국유리의 폭발적 발전은 가히 짐작할 만하다. 당시 거국적 사업인 새마을 사업에 기여하는 기업인만큼 국가로부터 필요한 지원도 받았다는 말도 들은 바가 있다. 최 회장님은 자선사업도 많이 하고 있었고, 내가 한국유리를 거래하면서 아는 바로는 당시 대기업 경영자 중에서도 정직하고 성실한 분으로 정평이 나 있었다.

한국유리가 생산하는 유리는 판유리와 형광등용 관유리였다. 이 유리를 소다 유리(Soda glass)라고 한다. 유리는 석회석을 고온으로 녹여서 만든다. 여기에 들어가는 많은 원료 중에 용매로 '소다바이'라는 화학 물질이 있다. 가성 소다라고도 한다. 옛날 가정에서 빨래할 때 쓰던 양잿물이 그거라고 한다. 질적으로 알칼리 성분이 너무 높아서 의약용이나 그에 준하는 용도로는 쓸 수가 없다.

우리가 쓰는 유리는 붕규산 유리(Borosilicate glass)다. 앞의 소다 유리보다 훨씬 고급 유리다. 이 유리를 생산하기 위해서는 우선 용광로에서부터 생산까지 엄청난 돈과 기술이 필요하다고 한다. 소다 유리가 1,000도에서 가능하다면 이 유리로는 1,300도 이상에서 견디어야 한다고 했다. 100도에서 1,000도로 올리는 것보다 1,000도에서 1,300도로 올리는 게 훨씬 어렵다고 한다.

소재 산업이다. 한국유리가 이 어려운 소재 산업을 하게 된 데는 시대적 요구와 배경에 이유가 있었다고 나는 본다.

당시 우리 산업 사회는 가발부터 중공업까지 설계하며 다각적으로 발전하고 있어 필요한 소재가 요구되는 시대였다. 사회 발전의 배경에 편승해 비약적 발전을 거듭하던 한국유리다. 유리 판매 대리점을 얻는 건 하늘의 별 따기만큼 어렵다는 말도 들었다. 대리점 또한 파는 게 장사가 아니라 사는 게 장사란 말도 있었다.

나는 한국유리가 막대한 투자에 비해 돈 벌 가능성이 적다는 걸 알면서도 이 사업을 결행한다는 것은 시대적 요구에 부응하려는 뜻이 있었기에 가능했다고 생각한다. 훌륭한 기업가 최 회장과 그 회사의 그때를 생각하면 지금도 감사한 마음이다.

한국유리 덕분에 나는 물 만난 물고기 격이 된다. 우리 공장은 주야 가동이다. 하지만 주문량엔 어림없다. 일본에서 앰플 기계화 생산 초기에 만들어진 기계여서인지 생산량이 그리 많지 않다. 첫 번째 공급 업체를 한독약품으로 정했다. 이 회사는 내가 실험할 때부터 관심을 보여 줬고, 시험 생산한 앰플을 테스트해 주고, 소량 써 주기까지 한 회사다.

나는 이미 정해 둔 기계 제작회사에서 우리 기계를 복제한다. 엄격한 계약하에서다. 내 허락 없이는 그 누구에게도 만들어 줄 수도, 설계를 넘겨서도 안 된다는 철저한 약속이다. 우리나라에 나 하나만 가지고 있는 기계인지라 나도 그럴 만했다.

복제에 그리 긴 시간이 걸리지는 않았다. 옛날 아날로그 구조의 기계다. 지금의 전자, 전기가 여기저기 붙어서 보이지 않는 구조의 디지털 기계가 아니고, 그저 정밀하게 똑같이 깎아서 완벽하게 조립하면 될 수 있었기 때문이었을 거다.

나와 그들이 최선을 다한 끝에 두 달 만에 기계 두 대가 들어온다. 한 달 뒤인 석 달 만에 두 대가 더 들어온다. 그리고 더 들어온다. 이렇게 해서 한독약품 외 두 회사 정도에 공급할 수 있게 됐다. 기계 대수가 늘어나니 고장도 잦아진다. 주야로 돌려대니 그럴 수밖에 없다. 기억건대 당시 한독약품만 해도 기백만 개는 되었던 것 같다.

나는 분명 혼자였고, 바쁜 건 말할 것도 없고 방방 뛰다 못해 가끔 날기라도 했는지? 모르겠다. 지금 생각해도 거의 상상이 안 된다. 어떻게 그 일을 다 해냈을까? 해낸 것만은 분명하다. 신들린다는 말이 있다. 내가 신들린 사람처럼 뛰었다면 무

> "내가 신들린 사람처럼
> 뛰었다면
> 무엇이 나를
> 그렇게 하게 했을까?"

엇이 나를 그렇게 하게 했을까? 지금 다시 구성해 본다.

한독약품은 내 공급이 못 미칠 땐 수동 생산 앰플과 우리 앰플을 번갈아 썼다. 수동 앰플밖에 없을 때는 그러려니 하고 썼는데, 우리 앰플을 써 보면서 너무 큰 차이가 예상 밖이었다고 했다. 수동 앰플에서 5~7% 문제가 발생한다면 앰플 손실이 문제가 아니다. 약액 손실, 즉 비싼 원료의 손실뿐만 아니라 기계를 세워서 유리 파편을 청소한 다음 재가동을 반복함으로써 발생하는 손실, 곧 기계 가동률이 떨어짐으로써 벌어지는 생산율의 손실이 막대했다. 그런데 우리 앰플로 교체 투입되는 즉시 어떤 트러블도 없이 99% 거의 완벽한 작업이 진행된다고 한다. 따라서 작업자들의 기분뿐만 아니라 몸도 여유가 있어 제약 정밀도에 더 집중할 수 있다고도 했다.

당시 1970년대 초에는 나도 그랬지만 거의 배고픔을 겪어 본 사람들이어서, 비유컨대 꽁보리밥을 먹다가 쌀밥 먹는 기분이었다고 하는 말도 들었다. 이는 한독약품만의 얘기가 아니다. 수동으로 생산된 것을 쓰다 우리 앰플로 바꾼 회사들이 다 그랬을 거다.

아무튼 나는 여기에서 개척자인 것만은 사실이다. 자

부심을 갖고 열심히 하던 때, 작은 분야이긴 하지만 우리나라 주사제약산업 생산을 혁신시키는 데 절대적 조건을 제공하는 내 개척의 결과가 시대적 요구에 부응하고, 명분과 가치를 공유한다는 내 자부심과 한독약품의 부추김이 나를 신들린 사람으로 만들지 않았을까 생각해 본다.

하도 바쁘게 살다 보니 1년이 잠깐이다. 1973년쯤이었다. 나와 우리 회사는 상당히 안정되어 잘 돌아가고 있었다. 나도 그렇지만, 우리 종업원들의 숙련도가 높아져 웬만한 고장은 스스로 해결할 수 있게 되었고 증설도 한동안 멈춰 있었다.

그러는 사이 기계회사가 나와의 약속을 지키지 않고, 여러 군데 기계를 만들어 팔았다. 그래서 후발 회사들이 생겼고, 업계가 형성되었다. 독점은 어려운 것이어서 나는 별 이의 없이 시대의 변화로 생각하고 용인했다.

우리 애들 밥 좀 먹이겠다는데

바쁜 중에 1~2년은 후딱 지나간다. 1972년 늦은 여름쯤이었던 것 같다. 그날도 평소처럼 거래선에 들러 일을 보고 그 회사 식당에서 점심까지 얻어먹고 오후 세 시쯤 회사에 들어왔다.

기계도 봐주고, 수고하는 우리 애들 등도 두드려 주는 건 내 일상이었다. 점심을 가지고 다니라고 해도 안 듣는 사람은 나한테 꾸지람도 자주 듣는다. 이게 보통 나의 일상이었다.

그날따라 좋은 회사의 좋은 환경과 식당에서 점심을 얻어먹고, 그 회사 사원들과 얘기하면서 좀 부러움을 느낀 건 사실이다. 그러나 그게 어디 한두 번인가? '억울하면 출세하라'라는 말이 있듯이 큰 회사와 납품하는 작은 회사의 운명적 차이로 받아들이며 살고 있다. 그래도 나는 자타가 인정하는 개척자라는 자부심으로 어디 가나 당당하게 살았다.

그런데 그날은 달랐다. 늦여름 더운 날, 불을 보며 일하는 우리 사원들이다. 우리 공장에 들어서면서 사원 등을 두드려 주며 한 바퀴 도는 건 내가 늘 하는 짓이다. 그런데 그날따라 핏기 없는 얼굴에 피곤한 모습으로 일하는 사람이 더 많이 보이는 것 같다는 생각과 동시에 갑자기 격해지는 감정을 느낀다. 큰 소리로 책임자를 불러 물어본다.

"점심 안 가져온 사람 몇 사람인지 아나?"

연탄불이 꺼진 줄도 모르고 늦잠 자다 아침도, 점심도 인근 상점에서 라면을 끓여 먹은 사람도 있다고 한다. 나는 과연 사장 자격이 있나? 갑자기 부끄러운 생각이 든다. 점심도 못 먹이는 주제에 저들을 일 시키고서 나는 돈을 벌고 있지 않나? 생각하니 자괴감이 확 오른다.

사실 나는 내 공장을 짓겠다는 지상 목표를 향해 집에도 돈 한 푼 안 가져다주면서 열심히 뛰고 있던 차였다. 거래선에서 수금이라도 하면 반드시 회사에 들러 금고에 털어 넣고, 집에 가는 건 내 원칙이었다. 교직에 있던 집사람과 합의해서다. 나는 그날 이후 장사하는 방법과 태도가 달라진다.

사주는 쪽은 갑이고 납품하는 중소기업은 을이라는 관념이 굳어진 관행이어서 웬만한 갑질에는 그저 고분고분만 하던 을이 대부분이었지만, 그날 이후 나는 더 이상은 아니다. 상대는 그 회사 구매 담당 이사였다.

나는 50% 단가 인상을 요구한다. 서울에서 일류 대학을 나와 지적이고 합리적인 사람이어서 서로를 인정하면서 많은 대화를 나누었지만, 갑작스러운 50% 인상은 그에게도 버거운 것이었을 게다. 그러나 나는 우리 사원들의 힘없는 얼굴을 보며 느꼈던 양심의 격정을 되도록 구체적이고 논리적으로 재현한다. 기계로 규격화된 양질의 앰플을 내가 개발, 공급함으로써 얻는 많은 이익 중의 일부를 할애해 달라는 게 요지다.

당신네 회사와 우리 회사는 비교 대상이 아니다. 하지만 당신네 생산직 사원이나 우리 사원이 다를 게 뭐가 있나? 다만 운이 좋아서 이 회사에 온 사람은 점심도 먹고 좋은 환경에서 일하지만, 운이 없어 우리 회사에 온 사람은 점심도 못 얻어먹고 여름에 불 앞에서 일한다는 게 다를 뿐이다.

환경은 어쩔 수 없다 하더라도 점심에 밥은 먹어야겠

다는 게 내 결심이고, 안 된다면 그들을 일 시킬 자격이 없는 사장이라는 자괴감으로 사업 자체를 재검토하겠다는 것도 내 결심이다.

우리 회사는 지금 셋방살이다. 10%, 20% 정도로 찔끔 올려서는 해결될 문제가 아니어서 50% 인상을 요구하는 것이다. 실은 우리 앰플을 쓰면서 상대적으로 얻는 이익을 알고 있기에 더욱 당당하게 요구하는 것이었다.

내 요구가 관철된다 해도 2~3년은 어쩔 수 없이 걸리는 시간이었다. 일단 나는 그날 이후 오후 3시에 빵과 우유를 지급하기로 했다.

구매 담당 이사는 50%에 놀랐지만, 내 차분한 설명을 들은 다음에는 이의가 없다. 그러나 기다려 달라는 게 두 달이 흘러갔다. 그동안 그의 사무실에서 흘러가는 시간 만큼 톤이 커지면서 요구를 반복하던 어느 날, 여기는 다른 사람들 일에 방해되니 정원으로 나가자고 한다. 그 회사의 정원은 국빈에게 보여 줄 만한 변변한 시설이 없던 시절에 보여 주던 좋은 정원이었다.

테이블에 마주 앉았다. 이 사람 하는 말이 여기서 하고 싶은 얘기 마음껏 하란다. 그렇지 않아도 질질 끄는

데 화가 좀 나 있던 차여서 처음부터 끝까지 내 소신의 요구를 좀 큰 톤으로 되풀이하면서 가부를 빨리 결론해 달라, 따라서 나도 결심한 바가 있다고 했다. 이 사람 대꾸도 없이 다 했느냐고 한다. 다 했다고 하니 그럼 가시라고 한다. 정말 화가 나서 그 사람에게 화풀이를 조금 하고 돌아왔다.

며칠 뒤 구매부가 아닌 자재 과장에게 전화가 왔다. 그도 나와 동갑내기다. 지난번에 구매부에서 내가 한 얘기가 모두 녹음되어 사장이 주재하는 중역 회의 전에 재생해 듣고 사장님이 대노하셨단다.

"누가 약 팔아서 돈 벌라고 했지, 앰플값이나 깎아서 돈 벌라고 했냐?"

화가 나셔서 그날 중역 회의도 못했다고 하는데, 도대체 무슨 말을 했기에 그러냐고 한다. 저번에 얘기대로 단가를 인상해 달라는 얘기밖에 할 얘기가 뭐 있겠냐고 했다. 아마도 그때 그 사장님, 내가 우리 종업원들 앞에서 부끄러움을 느끼며 격정했던 것처럼, 전혀 틀리지 않은 절절한 내 말을 들으시며 작은 협력 업체를 대하는 대기업 사장으로서의 체면에 좀 상처를 느껴서 대노하시지 않았나 생각한다.

실은 구매 담당 이사는 이의 없이 인상해 주려고 했는데, 총괄 상무가 매번 '커트'했다고 한다. 그래서 담당 이사가 충격적 수단을 강구했던 것 같다. 이분의 깊은 배려에 지금도 감사한 마음이다. 덕분에 다른 거래선도 단가 인상을 실현했다. 존경스럽다.

뛰면서 사는 세월은 더욱 빠르다

1974년이다. 내 꿈이 실현되는 게 보여서 나는 더욱 신이 난다. 11월경으로 기억된다. 영등포구 독산동에 공장 건축 부지를 구입한다. 330평이다. 그리고 다음 해인 1975년에 공장 건축을 시작한다. 부경 일번 국도(서울-부산 간 국도)에서 300m쯤 서쪽으로, 10m 도로변 주거지에 못 미쳐 있는 마음에 드는 땅을 샀다.

상도동 셋방살이를 마감하고 그야말로 우리 공장, 우리 회사 독산동 시대를 열게 된다. 시멘트 블록으로 벽을 쌓고, 슬레이트로 지붕을 올린 일자형 공장을 짓는데 그리 많은 시간이 걸리지 않았다. 생산 라인에 맞춰 설계하고 증설을 감안한 널찍한 공장이다. 주사약 생산에 앰플의 중요성을 알기에 먼지 안 나는 바닥재를 찾는데 전국을 헤맨 기억이 난다. 유리에 긁히지 않을 만큼 강한 바닥이어야 해서다.

이어서 식당과 기숙사가 들어갈 건물을 짓는다. 내

가 염원했던 것이다. 2층 슬래브 건물이다. 1층은 창고, 2층이 기숙사와 식당이다. 문제랄 건 없지만 고민거리가 생겼다. 기숙사의 난방 시설이다.

당시는 지방에서 올라온 처녀, 총각들이 공장 근로자의 대부분이어서 기숙사가 필요했던 시절이었다. 바로 옆 구로공단에는 우리보다 큰 회사들이 대부분이고, 대기업도 있었다. 이 회사에는 기숙사가 있었고, 대기업도 마찬가지였다. 거의 다 연탄 난방이라고 했다.

연탄가스 중독 사고가 매일같이 발생한다. 산소 중압 치료기가 영등포 어느 병원에 우리나라 최초로 설치되었다. 당시는 서울시 근로 감독청이었고, 주 업무도 연탄가스 사고 방지였다고 한다. 청사도 영등포구 당산동에 있었다. 공단에 인구가 집중하면서 사고도 집중하여 발생했을 뿐이지 당시 우리나라 어딜 가던 연탄이 주 연료여서 사고 없는 곳이 없었다. 기름(석유)을 쓰는 곳도 있었지만, 특수한 곳 말고는 별로 없었던 것 같다. 워낙 기름값이 비싸서였을 게다.

나도 여기서 고민이 깊어진다. 우리 집사람은 아이를 업고 연탄을 갈고 있다. 이게 고민이 아니다. 우리 사원들은 시골에서 다 키운 자식 돈 좀 벌겠다고 올라온 사람들이 대부분이다. 내 고향에서 올라온 사람들도 많다. 만에 하나 이들에게 사고가 생겼을 경우 나는 사장으로서 그 책임을 어떻게 질 것인가? 당시 허다하게 발생하는 사건이어서 법률적 책임은 고의가 아닌 이상 사회적 현상으로 치부될 때다.

도덕적 책임이다. 어디까지 어떻게 질 것인가? 며칠을 고민한다. '나는 돈을 벌려고 저들을 고용하고 있지 않나? 그렇다면 경제적 개념이 우선 아닌가?' 하는 생각과 '나도, 저들도 존엄한 인간이다'라는 인간적 개념에서의 생각이 엎치락뒤치락하다가 나는 내심 결정한다. 어머니가 주신 내 삶의 철학 위에서 생각하면 간단한 걸 가지고 괜히 며칠 머리를 달구었다고 생각하니 머쓱해지기까지 한다.

남에게 미움을 받고 안 받고의 문제가 아니라 죄를 지고 안 지고의 차원이 다른 문제라고 생각하고, 당연히 기름보일러, 기타 연료도 석유로 결정하고 나니 우선 내 마음과 가슴이 그렇게 후련하다.

하나 더 있다. 우리나라 처음으로 앰플 생산에 맞춰

짓는 공장이니 제약 환경에는 못 미친다 하더라도 최소한 먼지 없는 공장을 짓는다는 선진적 자부심도 갖게 되었다.

그날 집에 가서는 집사람 보는 데서 고민이 있는 척했다. 집사람은 무슨 고민이라도 있느냐고 묻는다. 당신은 연탄을 가는데 회사는 기름보일러를 하니 좀 미안하다고 했다. 별 고민을 다 한다고 한마디로 말한다. 고마운 생각이다.

나는 아직 집을 못 사서 셋집에 살고 있었다. 결혼 이후 아홉 번째 이사한 집이다. 아마도 열 번째 이사는 집을 사서 할 것 같다. 공장도, 기숙사도 지었으니 그렇게 생각을 한다.

우리 건축 공사는 형님 친구분에게 맡겼다. 나의 의도대로 잘 알아서 해 주셔서 고맙다. 그런데 난방에 대해서만은 완강하게 반대한다. 연탄보일러도 우선 잘 짓고 관리만 잘하면 문제없는데, 굳이 기름보일러를 해서 그 비싼 기름을 어떻게 감당하려고 하냐는 거였다.

"세상에 자네 같은 기업가만 있다면 얼마나 좋겠나!"

아우에게 충고하는 형님 마음이 아니고는 할 이유가 없는 말씀이다. 옆의 구로공단에 있는 우리보다 몇 배나 더 큰 회사들도 연탄보일러라면서 잘 생각해 보란다. 나는 고마운 마음을 갖고 그분을 설득한다. 결국 그분도 감탄하시면서 "잘 짓겠네." 하시고 "세상에 자네 같은 기업가만 있다면 얼마나 좋겠나!" 하신다.

이렇게 해서 셋집 시대를 마감하고, 독산동 시대를 열게 되었다.

독산동 시대

나는 독산동 시대를 열면서 준비 기간을 지나 여기서부터 내 본격적인 역사를 써 가겠다는 다부진 각오를 갖는다.

해야 할 일도 많다. 따라서 생각도 많다. 자신감을 갖는다. 힘을 얻었다는 얘기다. 우선 떳떳함이다. 떳떳함은 힘의 원천이다. 더 이상 사원들 앞에서 부끄러운 사장이 아니다. 그들과 함께 뛸 용기가 있다는 말이다.

독산동 시대의 첫 번째 일이 상호를 바꾸는 일이다. 한국앰플공업사에서 동신관유리공업사다. 주사약병에는 앰플(ampoule)과 바이알(vial)이 있다. 바이알은 흔히 마이신병이라고 한다. 요즘은 예방접종 백신의 병이 바이알이다. 당시 우리나라에선 없는 것이고, 알지도 못하는 것 같다. 하지만 나는 조용히 가지고 있는 야심이다. 상호를 바꾼 이유다.

앰플은 전혀 상황을 모르면서 개척자라는 호기심과 무모에 가까운 용기로 했지만, 바이알은 상황이 다르다. 이미 내가 예의 주시하고 있으며, 엠플 정도의 자본으로는 턱도 없는 사업이다. 내가 한다면 망한다는 소리를 한 번 더 들을 것도 같다.

한국유리는 앰플 제조용 유리관에 이어서 바이알용 유리관을 생산한다. 앰플관은 우리 말고도 수동 공장에도 공급할 수가 있어서 파는 데 별문제가 없었지만, 바이알용 관은 팔 데가 없었다. 당시 바이알은 앰플 못지않게 많이 쓰고 있었다. 소형 유리 용광로(유리로)에서 몰드(가다)에 넣고 수동으로 찍어내는 몰드 바이알이었다. 병을 만드는 유리공장이면 어디서든 할 수 있는 것이다.

유리관으로 만드는 바이알은 관 바이알(tube vial)이다. 당시 우리나라에선 알려지지도 않았고, 아는 사람도 없었다. 당시 우리 수준으로는 그렇게 필요한 것도 아니었다. 재래 몰드 비이알보다는 다소 비싸지만, 그 품질에서만은 비교가 안 될 만큼 좋은 것이다. 선진국에서는 주사약 용기로 필수가 된 지 오래전이라고 한다.

결국 한국유리는 일본에서 바이알 기계 한 라인을 들여온다. 이런 기계로 이 관을 가지고 이렇게 바이알을 만든다는 것을 보여 주기로 한 견본 시설이었던 것이다.

고급 주사약병 소재로 유리관만 뽑으면 될 줄 알았던 한국유리의 궁여지책 단면을 보는 것 같아서, 이 글을 쓰면서도 안타까운 마음이다. 시대를 앞서가려는 사람이 겪는 고초가 아닌가 싶다.

한국유리의 고초는 여기서 끝난 게 아니다. 기계를 들여오기 전에 똑똑한 사원 한 사람을 일본에 보내 기계 가동의 제반 기술을 배워 왔다. 그런데 막상 기계를 들여와 설치하고, 준비된 사람이 가동을 시도해 보니 뜻밖의 일이 생긴다. 가동이 안 되는 거다. 한 달인지, 두 달인지 모르지만, 할 만큼 해 봤는데도 안 된다. 결국 가동에 실패한다. 기계가 잘못됐다고 결론을 내린다. 일본에서 배웠던 기계와 이 기계는 다르다는 것이다. 기계를 잘못 만들어서 팔았다는 것이다. 그래서 도둑놈이라고 했다는 것이다. 뒤에 내가 일본에 갔을 때 만들어서 판 사람한테 들은 얘기다.

지금 같으면 이해가 안 가는 얘기다. 그러나 당시는 일본에 가는 것도, 거기서 오는 것도 쉽지 않은 일이었다. 오죽했으면 한국유리가 이 계획을 스스로 포기했을까? 그래서 이 기계는 창고에 틀어박히는 신세가 되었다.

그런데 이걸 믿지 않는 사람이 있다. 나다. 그리고 또 한 사람이 있었다. 형광등 만드는 회사 사장이다. 한국유리가 형광등용 유리관 생산기술을 일본에서 들여올 때 가교 역할을 한 사람이라 여기서는 막강한 사람이다. 그래서인지 형광등용 유리관 총판도 이 사람이 가지고 있다. 한국유리에서 이 기계를 무상으로 대여받아 자기 공장에 설치하고, 사원 한 사람을 일본에 보내 가동 기술을 연수시켜 온다. 그런데 여기서도 이 기계는 돌아가 주질 않는다. 왜 기계를 못 돌리냐는 사장의 빗발치는 성화에, 여기서도 잘못 만들어진 기계라는 누명을 또 한 번 뒤집어쓴 채 공장 귀퉁이에서 낮잠 자는 신세가 된다.

내가 이 기계의 행방을 면밀히 추적하고 있는 것은 내가 이 기계를 갖고 싶은 소망 때문이다. 하지만 나는 한국유리에 인맥이 없다. 궁하면 통한다고 했던가. 마침 우리가 쓰고 있는 B.S. 유리관 총판 대리점 동명상사 박

> "나는 바이알로 우리나라의
> 개척자가 된다.
> 그리고 바이알이
> 주 품목이 된다."

사장님이 최 회장과 함께 대기업이 되기까지 한국유리를 키워 온 창업 멤버로, 상무로 재직 중 정년 퇴임하면서 총판을 하게 되었다는 것을 잘 알고 있는 터다. 그래서 이분과 상의한다. 이분, 내 의도를 듣고는 전적으로 동의하신다. 천군만마다. 그동안 거래 건으로 나를 보면서 내 성실성을 인정하신 것 같다. 그분의 지론이다. "떡 기계는 떡 만드는 사람이 가져야지, 두부 만드는 사람이 가지고 있으니 안 된다."라는 것이다. 내가 그 기계를 갖는다는 건 너무 당연하다는 말씀까지 해 준다.

이후 나는 바이알로 우리나라의 개척자가 된다. 그리고 바이알이 주 품목이 된다.

세상에 독불장군은 없다. 주변의 도움이 없었다면 오늘의 나도 없었을 거다. 당시를 회상하면서 지금도 그분께 감사한 마음이다.

바이알을 개척하다

1975년 3월쯤이다. 독산동 신축 공장의 바닥 공사 지연으로 아직 입주하지 못하고 있을 때다. 드디어 갈망하던 바이알 기계를 한국유리로부터 인수한다.

공장이 준공 전이어서 공장 외벽 밖에 잘 모셔놓고 혹시 비라도 맞을세라 갑바로 잘 덮어놓았다. 3월 말 준공과 동시에 제일 먼저 바이알 기계를 들여놓고 서둘러 설치를 끝낸다.

주사 약병은 앰플과 바이알 두 가지가 있다. 앰플은 이미 우리가 하고 있는 터다. 3년 전까지만 해도 굳이 우리 앰플이 필요 없었다. 만들기 쉽고 값도 좀 싸고 쉽게 구할 수 있는 수동 앰플로 쓸 수밖에 없었던 시절, 내가 기계로 규격화된 앰플을 생산하면서 제약회사들이 주사제약 생산 방법을 현대화하는 데 절대적 계기가 되었음은 이미 주지하는 바다.

이젠 바이알이다. 당시 우리나라 제약 환경에서 내가

하고자 하는 바이알, 즉 유리관으로 만드는 관 바이알은 있지도 않고 들어보지도 못한 채 아는 사람도 없었다.

신축 공장으로 이사한 지 열흘도 채 안 되었는데 우리 회사 종업원들의 얼굴빛이 달라 보인다. 아니 확실히 달라졌다. 밥해 먹을 걱정, 잠자리 걱정, 더해서 연탄 걱정까지 모두 없어졌으니 그럴만하다. 어떤 처녀 사원의 농담이다.

"사장님 우린 팔자 늘어졌어요. 이제 열심히 일만 하면 되죠!"

나 또한 흐뭇하다. 회사를 시작한 이래 고난을 거쳐 경주마처럼 달려온 4년의 세월이 주마등처럼 머리를 스쳐 간다. 크게 숨을 내쉬고, 크게 소리도 질러 본다. 내 삶의 가치도 느껴 본다. 처음이다. 진정한 행복도 느껴 본다. 때대로 느끼는 행복이 아니다. 지금까지의 내 인생을 관철하는 큰 행복이다. 이것도 처음이다. 세상이 고맙고 내 주변이 모두 고맙다. 특히 집사람에 대한 고마움이 7월의 뭉게구름이다. 한 푼도 안 주고 모은 회삿돈의 가치다. 회사가 돈을 벌면 어떻게 써야 하는지도 알게 되었다. 긍정의 힘도 생각해 본다. 크다.

나는 나 스스로가 스스로의 가치를 평가해 보면서 한 열흘 잘 쉰 것 같다. 마음으로 그렇단 얘기다. 혼자 안팎을 뛰는 마당에 몸까지 그렇게 한가하지는 않았던 것 같다.

나는 다시 긴장한다. 새로운 도전이 기다리고 있기 때문이다. 회사의 여력을 몽땅 쏟아부어 잡아다 놓은 바이알 기계가 아닌가! 확실치는 않지만, 당시 마포에 있는 20 몇 평짜리 아파트 한 채 값과 비견했던 것 같다.

아무튼 나는 이 기계로 바이알을 만들어 내야만 한다. 사오 년 전 앰플처럼 내가 해낸다면, 이 또한 개척자가 되는 것이다. 개척이 좋아서만 하는 수준의 일은 결코 아니다. 절체절명의 마음으로 내 운명을 건 도전이었기 때문이다.

당시 앰플만 해도 돈을 잘 벌고 있었고 성공한 사람으로 소문나던 나다. 공장 부지를 사놓고 보니 해마다 값이 오르는 것이 부동산이라는 것드 알고 있으면서 왜 운명을 건 도전을 또 했는지. 모자랐는지, 넘쳤는지 당시 나라는 사람을 다시 생각해 본다.

인천 한국유리 공장은 당시 대기업이다. 공장장 하시는 분이다. 연세도 50이 훨씬 넘은 북한이 고향인 분인데, 나를 여간 아껴 주시고 칭찬해 주시던 분이 예고도 없이 찾아오셨다. 기계 앞에서 땀 흘리고 있는 나를 보고 쉬었다 하라며 얘기 좀 하자고 한다.

그 양반 왈, 지금이라도 날 보고 포기하란다. 대기업이 자기가 생산하는 원자재(유리관)를 수없이 먹고도 안 되는 기계다. 기계가 잘못됐다고 결론 난 기계를 자네가 인수해서 어떻게 한다는 건가?

"내가 알고 있는 사실을 자네에게 얘기 안 해 줄 수 없어서 급히 왔네! 잘 생각해 보시게! 자네는 돈을 주고 사다가 부숴 버려야 하지 않나. 잘 생각해 보시게."

또 한 번 말씀하신다. 고마운 분, 저녁과 술 한잔 대접해 드렸다. 기계가 잘못되었다는 걸 믿었다면 내가 이 기계를 인수했겠나!

이 기계에 대해서 모르는 게 사실이다. 그러나 상식이라는 게 있다. 기계 장사가 기계를 만들어 파는데 잘못 만들어 팔면 장사가 되겠나? 거저 준 것이라면 혹 의심할 수도 있겠다. 이 기계는 값을 다 주고 정식으로 사온 기계다. 붙어 있는 라벨에는 만든 회사의 이름, 주소, 전화번호까지 있다. 안 되면 물어보면 될 게 아닌가? 이게 내가 생각하는 상식이다. 설마 선진국에서 후진국에 돈 받고 팔면서 잘못 만들어 줄 리는 없다는 게 내 생각이다. 이의를 하거나 물어봤다는 말은 들어 보지 못했다. 나는 바보가 아니다. 적어도 이 정도의 긍정적인 마인드는 갖고 있는 사람이다. 기계 인수에 대해 조금의 의심도 없다.

나는 벌써 며칠 이 기계의 구조를 숙지한 다음, 버너에 불을 붙이고 달라붙어 땀범벅인 채 가동 시험을 한 지 나흘째다. 물론 앰플 개발 때의 경험을 바탕으로 해서다. 그런데 앰플과는 전혀 다르다. 기계의 차원이 다르다는 걸 알게 된다.

기계의 길이가 20여 미터에 버너가 18개 3단 구조로 되어 있고, 바이알 구를 성형하는 로라 몰드 둘 사이에 센터핀 몰드가 있다. 기계의 속도와 익힘(온도)과 이 부품들의 동작 간 조화가 이루어졌을 때 바이알이 만들어지는 구조다. 바이알이 만들어지는 조화점을 찾는다는 게 결코 쉬운 일이 아니며, 내 능력만으로는 안 되겠다는 걸 알게 된다.

조력을 받다

내가 조력을 구할 수 있는 사람은 딱 두 사람이다. 일본에 가서 배웠고 이 기계를 돌리려고 애를 썼지만 결국 안 됐다는 한국유리와 형광등 회사의 두 사람뿐이다. 내가 기계를 인수할 때 도움을 부탁했고 흔쾌히 도와주겠다고 했던 사람이다. 나는 후한 대접으로 그 사람들을 각각 초빙한다. 안 되는 방법인 줄은 알지만, 일본에서 배운 대로 한다는 것을 나한테 보여 주는 것이다. 두 사람의 방법이 거의 비슷하다.

며칠간은 전혀 근거 없이 그저 휘둘러 본 거라면, 이제 이 두 사람이 하는 것을 보면서 방향은 설정할 수 있다는 것과 몇 가지 얻은 힌트를 밑천으로 열심히 해 볼 여지가 생겼다는 것이 큰 도움이 되었다. 이후로 이 사람들을 몇 번 불러서 같이 해 보기도 했다.

나는 몰두한다. 몇 달이 흘러 8~9월쯤 됐던 것 같다. 한여름 땀을 뻘뻘 흘리며 기계 앞에서 떨어질 줄을 모른다. 뒤에서 앰플을 생산하고 있던 사원이 말한다.

"사장님, 통행금지 시간 다 됐어요."

시계를 보니 11시 30분이다. 막차 버스를 겨우 탈 수 있는 시간이다. 버스에서 내려 집에 가는 골목길을 부지런히 걸어가는 도중에 통금 사이렌 소리를 듣는다. 1분도 안 돼서 방범대원이 앞을 막아선다.

"누구요?"

"미안합니다."

목소릴 듣고 나를 확인한 거다. 손전등을 비추며 "이 양반 왜 그렇게 맨날 늦어요." 한다.

"일하다 시간 가는 줄 몰랐어요. 미안합니다."

침침한 골목이지만 우리 집 대문이 보인다. 이게 몇 달째 내가 사는 모습이다.

무슨 수를 써서라도 바이알을 반드시 만들고야 말겠다는 신념이 발바닥에서 머리끝까지 꽉 차 있었다. 지금 생각해 봐도 그렇다. 내 체구 어디에 그런 강단이 들어 있었는지? 그 강인한 정신

> "우린 젊었다.
> 그때 나에게 주어진
> 젊음을 최대한
> 발휘하고 있었다."

력은 또 어디에서 나왔는지? 168cm의 그리 큰 체구도 아니다. 우린 젊었다. 그때 나에게 주어진 젊음을 최대한 발휘하고 있었다. 머리처럼 젊음도 써야 더욱 젊어지는 것 같다. 불 앞에서 하는 일이니 땀은 얼마나 흘렸겠나? 연신 물을 마시면서다. 좀 과장해서 당시 내가 몇 달 동안 흘린 땀이 드럼으로 한 통은 되었을 거라는 농담도 후에 한 적이 있다.

그런데 중요한 것은 이런 상황의 일을 몇 달이 아니고, 또 몇 달에 또 몇 달을 해냈다는 사실이다. 이는 체력의 문제다. 체력은 후천적으로 내가 기른 것도 있겠지만, 그보단 타고난 것이 더 크다고 생각한다. 그래서 뒤에 생각하지만 조상 부모님께 더욱 감사한다.

그때는 내가 피곤하다던가, 힘들다는 느낌을 가져 본 적이 없었던 것 같다.

불과 한두 달씩 해 보고 잘못된 기계라고 누명을 씌웠지만, 나는 이 기계를 생각한 처음부터 인수해서 땀을 흘린 몇 달, 몇 달, 또 몇 달 기계가 잘못되었을 거란 생각은 추호도 해 본 적이 없다. 이런 내 마음의 긍정적인 자세가 엄청난 땀과 긴 시간을 이겨 내는 힘의 원천이었을 거라고 생각한다.

내 인생을 조명컨대, 내 인생 중 꽃이었다고 할 수 있는 때를 말한다면 바로 이때라고 말할 것이다. 청춘은 낭만의 냄새가 난다. 그게 '젊음'이라고 하자. 가식 없이 순수한 이 젊음이 일을 통해 여지없이 뿜어내는 용기와 열정은 후각에 따라 땀 냄새일 수도, 꽃의 향기일 수도 있겠지만, 내 마음의 후각에서는 아름다운 꽃의 향기와 다름이 없다.

갈 길이 먼 나에겐 시간도 빨리 가는 것 같다. 어느덧 9월이 다 갈 때쯤이었던 것 같다. 일을 처음 시작했을 때는 '진인사대천명'이란 성어를 생각하며 스스로 노력을 가속시켜 왔다. 이제는 이 기계와 내가 할 수 있는 소통은 할 수 있는 대로 모두를 다 했다는 데 이르렀고, 지금까지 기울여 온 노력을 정리하고 있을 때다. 묻는 사람도 없지만, 에디슨이 전구를 발명할 때 99번 실패한 게 아니라 안 되는 이유를 찾으니 되는 이유가 하나 남았다고 했다는 유명한 이야기를 생각하며, 나 스스로 위로하고 나도 그 경지에 있다고 생각하기도 한다.

10개의 각기 다른 온도로 유리관을 필요한 만큼 익혀 주고, 그 위에 기계의 각기 다른 5가지 동작이 조화를 이루어 바이알을 만들어 내는 구조다. 수없이 해 봤지만, 마지막의 조화점을 내가 못 찾고 있는 거다.

이쯤 해서 일본에 갈 생각을 굳힌다. 이 기계와 똑같은 기계가 있을 것이고, 그 기계 위에서 바이알이 물 흐르듯 자동으로 만들어져 나가는 모습, 바로 그 상황을 보기 위해서다.

지금 생각하면 이해가 안 된다. 일본에 가는 게 뭐 그렇게 어려웠던 건지? 지금은 우리 회사원이나 그쪽 사람들 일이 있으면 수시로 드나든다.

당시 매우 까다로운 신원조회에서 통과해야 여권을 받는다. 팔촌까지 연좌제가 있을 때다. 6·25 때 행불자가 하나라도 있으면 불합격이다. 3급 이상 공무원(과장급)의 보증이 있어야 한다. 머무는 동안 체재비를 책임지겠다는 초청장이 필수다. 외화를 가지고 나갈 수가 없던 때다.

가기 전날까지 기계에 붙어서 열심이다. 이 기계를 완벽하게 알고 가야 하기 때문이다.

손톱 주변에 낀 기름때가 아무리 닦아도 안 닦아진 채, 다음 날 김포공항에서 도쿄 하네다 공항에 도착한 것이 오후 2~3시쯤이었던 것 같다. 공항에서는 학교에서 배워 둔 영어와 군 복무 시절 옆에 있는 미 고문단 부대와 연락병을 하면서 익혀 둔 토막 영어 실력으로 별 문제 없었지만, 공항 밖에서는 전혀 통하지 않는다는 걸 알고 예상 밖의 상황에 나는 당황하지 않을 수가 없었다. 여기서부터 손에 땀을 쥐고 9일간의 무식한 일본 여행이 시작된다.

당시 나는 이 기계를 하나라도 더 알고 가야겠다는 생각 외에 특별한 준비는 고사하고, 별생각도 없었던 것 같다. 거기도 사람 사는 데고 종로를 그들이 만들었으니 도쿄에도 뒷골목에 여관이 많은 곳이 있을 것이란 생각이었고, 처음 가는 것이지만 두렵다거나 걱정되는 마음은 없었다. 다만 거기 가서 내가 해야 할 목표에 대한 궁리만 머리에 가득했다. 어떻게든 꾸려 가지고 간 돈(달러)이 있으니 며칠 먹고 자는 걱정은 하지도 않았다.

지금 생각해 보니 내가 젊었을 때라고는 해도 미련한 건지, 용감한 건지. 호텔 예약마저 없었으니 지금 생각해도 좀 부끄러운 얘기 같지만, 당시 나는 바보는 결코 아니었다. 내 어디에 그런 배짱이 있었는지 지금도 잘 이해는 안 되지만, 손에 땀을 쥐고 발바닥에 땀을 신고 다녔던, 내 목적을 이룰 때까지 9일간의 여정은 내 인생의 꽃이었다. 지금 생각해도 그때 그 젊음의 향기가, 그 꽃의 향기가 코끝에 느껴지는 듯하다.

9일은 예정하고 간 기간이 아니다. 목표를 이룰 때까지 9일이 걸렸다는 얘기다.

9일간의 일본 출장

택시 기사가 도쿄 어디에 가느냐고 한다. 나는 준비된 메모장에 호텔을 얻어 달라고 한문으로 써서 보여 준다. 나는 국민학교 졸업 후 6·25 때 2년간 서당에서 한문 공부를 착실히 했다. 한문을 쓰는 데는 별문제가 없다. 일본에서 한문이면 거의 통한다는 것은 다행이었다. 기사가 걱정스러운 얼굴로 뒤돌아보면서 "코리아? 차이나?" 한다. 서울이라고 하니 고개를 끄덕끄덕한다. 중국 사람보다는 한국 사람에게 좀 더 호감을 갖는 것 같다는 느낌을 받았다.

네다섯 곳은 들린 것 같다. 나올 때마다 손사래다. 그런데 이 사람, 처음 보는 어떤 젊은 사람이 가방 하나인 채 뒤에 앉아 있는 게 조금은 염려스럽기도 할 것 같은데 의심이라곤 전혀 없는 태도다. 차 키를 꽂아 놓고 시동 걸린 채 호텔 프런트에 갔다 나올 때도 있고, 키를 꽂아 놓은 채 시동만 끄고 들어가 5~6분 정도는 있다 나온 때도 있었던 것 같다. 놀랍기도 하다.

하지만 곧 나는 내 생각이 틀렸고, 이 사람들 사고가 맞는다는 생각을 하니 도쿄의 공기가 좀 신선한 것 같기도 하다. 앞으로 여기서 내가 겪어야 할 여정의 걱정이 조금 덜 해지는 것 같다.

날이 저물어 갈 무렵에 이 택시가 선 곳은 꽤 크다고 생각되는 단층 기와집 앞이었다. 'YMCA 無錢旅行者宿所(무전여행자숙소)'라고 한문으로 쓰인 빛바랜 큼직한 나무 간판이 붙어 있는 집이다. 나는 어리둥절한 표정으로 들어갔다 나오는 기사를 본다. 진정 미안한 표정으로 미안하다고 한다. 여기밖엔 없다고 한다. 호텔을 못 얻어 줘서 그러나 보다 생각하면서 오히려 내가 미안한 생각이었다. 그런데 미터를 가리키며 20,000엔인데 10,000엔만 받겠다고 하면서 또 미안하다고 한다.

이쯤 되니 '아! 이 사람들 우리와는 다르구나, 정직하다'의 정도가 아니라 감탄하지 않을 수 없었다. 이 사람만 그런지 다 그런지는 모르지만, 내가 경험한 바로는 그랬다. 너무 긴장한 터라 그 사람의 명함이라도 챙길 생각을 못 해서 지금까지도 그때를 생각할 때마다 미안한 생각을 금치 못한다.

요즘 매스컴에서 우리가 선진국이니 선진 국민이니 하는 말을 종종 본다. 혹자들에게도 그런 말을 자주 듣는다. 그러나 나는 여기에 흔쾌히 동의하지 않는다. 국민소득이나 먹고사는 수준으로 하는 말이라는 걸 모르는 바 아니지만, 소득이 높아져서 잘 먹고 입고 놀고 잘 산다고 해서 '선진'이라고 할 수는 없기 때문이다.

선진, 후진의 구분은 그 나라 국민의 보편적 정신문화의 수준, 한마디로 양심의 수준에 따라 구분된다고 생각한다. 지구상에 우리가 아는 몇 개 나라는 소득은 높지만 선진국으로 불리진 않는다. 예컨대 반대로 소득은 미흡해도 양심 수준이 선진에 가 있는 나라가 있다면, 후진국, 후진 국민이라고 부를 수는 없지 않은가? 여기서 선진과 후진의 구분 기준이 자명해진다.

오늘날 우리에게 선진이라는 같이 회자됨에 따라 산업화 시대를 관통해 살아온 사람으로서 자부심도 있지만, 기준에 못 미치는 스스로를 직시하고 열심히 갈고닦기를 바랄 뿐이다.

기사를 따라가 방문을 열어 본다. 너무 작다는 느낌이었다. 서너 평 정도였을 것으로 생각된다. 깨끗하다. 잘 정돈된 침구와 작은 텔레비전, 작은 탁자 하나가 가지런히 정돈되어 있던 기억이 지금도 있다. 동전을 넣어야 켜지는 텔레비전이다. 전화는 밖의 공중전화를 써야 하고, 화장실과 세면대도 밖에 있다.

아무튼 나는 일본 땅에서의 첫 밤을 여기서 잔다. 여장을 풀고 긴장을 푸니 잠이 밀려온다. 하지만 나는 잘 수가 없다. 여기에 온 시퍼런 목적이 있다. 이제부터 준비가 아니라 실전에 들어가야 한다. 내가 가지고 있는 것과 같은 기계가 바이알을 자동으로 물 흐르듯 만드는 모습을 내 눈으로 확인하는 것이 첫째 목표고, 선진국의 앰플 공장을 보고 우리 수준을 알고자 하는 지피지기가 두 번째 목표다.

내가 가지고 간 정보는 딱 세 가지다. 우리 앰플, 바이알 기계에 붙어 있는 '라벨'의 제조 회사, 주소, 전화번호가 첫째고, 서울의 모 은행 도쿄 지점에 근무하고 있던 고등학교 친구의 전화번호가 두 번째다.

이 친구, 그리 높지 않은 행원이어서 많은 도움을 받

기는 좀 어려울 것 같았다. 다음 날 아침을 적당히 때우고 우선 이 친구에게 전화해 호텔 좀 얻어 달라고 했더니 기절할 만큼 놀라면서 "세상에 호텔 예약도 없이 여기에 오는 놈이 어디 있느냐? 여기가 서울 같은 줄 아냐?" 하며 반가워하기는커녕 야단만 친다. 점심시간에 갈 테니 꼼짝 말고 있으란다. 아무튼 고마웠다.

친구가 왔다. 우린 힘차게 악수하며 박장대소로 반가웠다. 아마도 나는 아쉬움이 더해져서 그 친구의 두세 배는 더 반가웠을 것 같다. 자기 차에 짐을 실으란다. 짐이라야 달랑 가방 하나다. 한참을 갔다. 간판을 보니 한국 식당이다. 차를 세우고 올 테니 내려서 기다리란다. 곰탕인지, 설렁탕인지 기억은 안 나지만, 걸쭉한 탕으로 점심을 먹었다. 아침이 좀 부실했던지 정말 맛있게 먹었다. 서울에서보다 더 맛있다고 했더니 빙그레 웃으며 주인이 다가와서 언제 왔느냔다. 어제 왔다고 하니 즐거운 여행 되시란다. 말이라도 그저 모두 고맙다. 점심시간이 지나서인지 식당에 우리 외 손님이 없다. 커피까지 한 잔 시켜 마시며 오랜만의 친구니 이런저런 얘기가 많다. 오후 2시 이후 체크인하는 호텔이니 시간이 있다.

이 친구 얼마나 궁금했는지 또 묻는다. 해외에 나오며 호텔 예약도 없이 온다는 게 아무리 생각해도 이해가 안 된다는 거다. 무식한 배짱이거나, 멍청한 게 아닌가 생각하는가 싶었다.

나는 손톱에 낀 기름때를 보여 주며 여기 오기 전날 밤 10시까지 바이알 기계에 붙어 있었다. 이 기름때가 안 닦여서 그냥 온 거다. 20살 언저리 아이들 셋 데리고 앰플 회사를 시작해서 50여 명의 사원과 15대의 기계로 한국에서 최초이고 제일 큰 앰플 공장을 한다는 것. 바이알 기계를 인수하게 된 이야기. 이 바이알 사업은 운명적으로 내가 해야 한다는 것과 이 기계를 돌릴 기술자가 한국에 없어서 내가 기술자가 되려고 온 것이다. 이미 반 기술자는 됐다고 하니, 이 친구 벌어졌던 입을 닫으며 "너 공대 안 나왔잖아?" 한다.

서울 종로 누가 만들었냐? 일본 사람들이 만들었잖아? 뒷골목에 가면 여관이 수십 군데는 있다. 바쁘기도 했지만, 실은 도쿄에도 그런 거리는 당연히 있으려니 하고 왔는데 그게 우물 안 개구리 생각이었다는 걸 바로 알게 됐다. 친구가 있어 이렇게 도움을 받으니 정말 고맙다고 했다. 잠시 내 얼굴을 보던 친구, 일어나면서 "가자!"라고 한다.

궁성이 저만치 보이는 경치가 좋은 곳에 있는 그리 큰 호텔은 아니었던 것 같다.

친구와 이야기하다 보니 오후 5시쯤은 되었던 것 같다. 친구를 보낸다. 집 전화번호까지 주면서 더 도와줄 게 없느냐고 한다. 역시 친구는 친구다. 고마운 마음 그지없다.

내가 가야 할 곳은 오사카에 하나 있고, 고베라는 도시에 하나 있다. 제1 목적지가 바로 여기다.

석양 무렵에 멀리 보이는 궁성의 경치가 너무 좋다. 호텔도 너무 깨끗하다. 어제는 택시에서 친절과 믿음, 정직을 경험했고, 오늘은 호텔에서 깨끗함을 경험한다. '너무'라는 수식어가 자연스럽게 붙는다. 여기서 2박을 한다고 생각하니, 그 경황 중에도 행복한 생각이 살짝 들었던 것 같다.

다음 날 서점에 가서 접이식 일본 지도를 샀다. 나온 김에 시내를 여기저기 구경했다. 호텔에서 꽤 멀리 갔던 것 같다. 돌아가려니 호텔 방향을 알 수가 없다. 근처 가게에서 물었더니 주인아주머니가 열심히 설명한다. 못 알아들으니 아예 자기를 따라오란다. 근처 사거리까지 가서 방향을 가르쳐 준다. 가게를 비워놓은 채라 굽신굽신 인사는 했지만 미안할 만큼 고마운 생각이다.

나는 지금 선진을 경험하고 있는 거다. 물질이 아닌 사람을 경험하고 있는 거다. 이게 선진이라면 과연 우리는 언제쯤이면 될 수 있을까? 외국인을 태우고 빵빵이를 돌려 사기 치는 택시, 길 모르는 내국인도 당하는 판국이니 말이다.

일본에 와서 3일째다. 처음과는 내 심상이 많이 달라졌다. 우선 안전을 확인해서다. 주머니가 털린다거나 어떤 위험에 대한 경계는 안 해도 될 것 같다고 생각하니 긴장이 반으로 줄어드는 느낌이다.

사 온 지도를 펴 놓고 본다. 도쿄에서 오사카는 상당히 멀다. 고베는 오사카에서 그리 멀지 않은 곳이다. 앰플 기계공장은 오사카에 있고, 제1 목표 바이알 공장은 고베에 있다.

남의 공장을 본다는 건 여간 어려운 일이 아니다. 지금도 마찬가지다. 나름대로 '노하우'가 있기 때문이다.

나도 우리 공장을 쉽게 보여 주지 않는다. 동종 업자에겐 더욱 그렇다.

당시 듣기로는 일본의 중소기업 공장은 절대로 잘 보여 주지 않는다고 했다. 하지만 나는 보는 걸 목적으로 여기 와 있지 않나? 말도 안 통하는 일본 땅에 와서 손에 땀을 쥐고 헤매는 거야 어쩔 수 없다 치고, 헤매고 헤매서라도 공장 앞에 설 수는 있겠다. 하지만 공장 안에 들어가서 목적한 바를 보려면 상대방이 베푸는 선의의 허락 없이는 불가능한 일이다. 머리를 굴려 전략을 짜 보지만 묘안이 없다.

가지고 간 세 번째 정보를 꺼내 든다. 제정 어느 때인가 극심한 기근이 들었다. 나는 너무 어렸을 때여서 알지 못한다. 군량미 수탈에 가뭄까지 극심해 아사자도 발생했다고 한다. 우리 집은 경작지가 좀 있어서 그런대로 잘 살아가는 편이었던 것 같다. 동네 우리 이웃에 식구는 많고 끼니를 때우기 어려운 집이 있었다. 그 집에 10여 세 어린 소년이 영양실조에 걸려 앓고 있었다. 어머니는 집밥을 할 때 한 그릇 더 했고, 그 밥은 어머니의 앞치마 폭에 싸여 그 집으로 가서 그 아이를 먹였다. 조석으로 오랫동안 그러셨다고 한다. 그 소년이 커서 일본으로 도항(몰래 배를 타고 가다)했고, 해방 후에도 돌아오지 않고 갖은 고생 끝에 거부가 되었다고 한다.

그 사람과 나이가 비슷한 우리 형이 한 분 있다. 제정 때 중학교를 나왔으니 일본말을 잘했을 거고, 그래서인지 두 사람은 연락을 주고받으며 살고 있었던 것 같다. 내가 일본에 간다니 전화번호를 하나 주며 대강 들려준 얘기다. 이게 내가 가지고 간 세 번째 정보다.

전화를 걸었다. 내가 누구라고 설명을 했더니 이분 놀라면서도 반갑게 전화를 받아 준다. 묻기에 여기 온 이유와 현재 상황을 얘기해 주었더니 옛날 충청도 시골의 투박한 사투리다. "그래서는 일 못 보는구먼유." 한다. "내가 도와줄 테니 이루오슈-." 한다. 지도를 펴 놓고 거기에 가는 방법을 배운다. 지도에 점도 찍고 체크도 하고 메모도 하면서 내 딴에 열심히 공부했다.

다음 날 아침, 부지런히 호텔을 나선다. 신주쿠역에서 나고야로 가는 신칸센을 타기 위해서다. 호텔 옆에서 전철을 타고 신주쿠역에서 내렸다. 전철역이니 복잡하리라고 예상했지만, 이렇게 복잡할 줄이야! 당시 내 상상을 초월했던 것 같다. 지하철 밑에 또 지하철인 삼중역이었다. 지금은 우리나라에도 여러 군데가 있다. 내가 타야 할 신칸센은 지상에 있다. 올라가기만 하면 있겠지? 했더니 그게 아니다. '나고야행 신칸센역'이라고 한문으로 쓰고 알파벳으로도 쓴 메모를 보여 주며 묻기를 10번도 더한 것 같다. 물어보기도 미안할 만큼 바쁜 걸음을 멈추고 손으로 방향을 가리키며 말해 주지만, 내가 알 수 있는 건 방향뿐이다. 열심히 올라가 보면 아니다. 이러기를 몇 번인지 손과 이마에 땀이 범벅이다.

아무튼 나는 신칸센 전차에 앉아서 지나치는 전주를 세어 보고 있다. 너무 빨라서 세기 어렵단 말을 들어서다. 정말 빠르다. 신주쿠역에서의 고생을 상쇄할 만큼 신선하고 상쾌한 경험을 이 신칸센에서 하고 있는 것이다.

나고야에서 주오센(중앙선) JR이라는 열차를 타고 나가노현 마쓰모토(松本)시로 가고 있다. 우리나라에선 서울에서 강원도 춘천 가는 것과 비슷하지만, 거리는 훨씬 더 멀고 도중에 산악 지대로 접어들면서 깜짝 놀랄 만큼 아름답고 웅장한 경관이 차창 너머로 펼쳐진다. 나는 지금 생각지도 않은 이 수려한 경관을 관광하고 있는 것이다. 잠시나마 긴장을 풀고 경치를 즐기며 여기서도 살짝 행복을 느껴 본다. 좋은 곳을 지날 때마다 차내 방송이 나온다. 유명한 곳인 것 같다.

오후 4~5시쯤 마쓰모토역에 도착한다. 크기는 좀 크지만, 당시 우리 천안역과 비슷한 모습이었던 것 같다. 역에서 나와 큰길가 공중전화 박스에서 전화를 건다. 나를 확인하고 거기 서 있으란다.

기다리는 동안 전화 박스에 눈길이 간다. 전화할 때 동전 너덧 닢이 전화기 위에 쌓여 있는 것을 봤다. 전화 걸고 수화기를 걸어놓고 남은 동전을 꺼내 가는 건 우리와 다를 게 없다. 몇 사람이 걸고 갔다. 여전히 동전은 그대로다. 또 한 사람 전화 걸고 동전을 꺼내더니 세어 본다. 이 사람 한 닢을 더 올려놓고 간다. 자기 것이 아닌 하나가 더 나왔고, 이는 누군가가 덜 빼간 것일 게다. 이 역시 우리에게선 기대할 수 없는 풍경인 것만은 사실이다. 나는 여기서도 또 한 번 사람의 선진을 경험한다.

으리 번쩍한 벤츠가 내 앞에 선다. 오십은 되어 보인다. 나를 확인한다.

"오시느라구 고생했구먼유."

그러면서 내 손을 잡고 반갑게 흔든다. 가방을 들어 뒷자리에 놓고 앞자리 자기 옆에 타란다. 그리 멀지 않은 곳이다. 차로 한 20분 정도였던 것 같다. 넓은 대지의 큰 저택이다. 이게 이분의 집이다. 대지 끝에 큰 규모의 온천장이 있다. 이분의 소유라고 한다.

안에 들어가니 정말 큰 집이다. 차 한 잔을 따라 준다.

"얘기는 천천히 하구유."

피곤할 테니 온천부터 하란다. 한 시간은 푹 담갔더니 피로가 확 풀린다. 이런 호강을 할 줄은 상상이나 했겠나? 저녁을 잘 먹은 건 물론이다. 그날 저녁 늦도록 고향의 궁금한 얘기, 우리나라 발전상의 얘기, 내가 여기 온 이유 등 많은 이야기를 했다. 고향 분이 일본에서 이렇게 성공하신 것을 보니 감탄스럽다는 이야기를 고향에 가서 잘 전하겠다고 했다.

내 얼굴에서 피곤기를 봤는지 그만 쉬라며 안내한 방이 너무 좋다. 수십 년 전 어머니가 베푸신 자애의 덕을 이 막내가 지금 보고 있다고 생각하니 어머니도, 이분도 고맙기 그지없다.

다음 날 아침 앰플 기계공장에 전화해서 다음 날 오후 방문하기로 약속을 한다. 이분이 도와줄 수 있는 건 이 정도인 것 같다. 내일부터 내가 여기 온 목적의 일이 시작되는 것이다. 이분 오늘 구경이나 하잔다. 고급 차 자기 옆자리에 나를 태우고 몇 군데 관광을 시켜 준다. 풍경이 너무 좋다! 멀리 보이는 산 정상에 덮여 있는 하얀 눈이 멀지 않은 것처럼 보인다. "와~" 감탄사가 절로 나온다. 우리가 서 있는 바로 아래 흐르는 꽤 큰 시냇물이 너무 맑다. 수량도 풍부하다. 만년설이 녹아 흐르는 거란다. 내려가 손을 담그니 엄청 차다. 하도 깨끗해서 한 모금 손으로 떠서 마셔 봤다. 백두산에 있다는 만년설을 들어는 봤다. 나는 지금 여기서 보고 있는 거다. 그 물에 손을 담가 보기도 했다. 봄, 여름을 지나 지금은 가을임에도 얼마나 많이 쌓여 있길래 그 녹아 흐르는 물이 이렇게 많을까? 그래서 만년설이다. 아이들 같은 생각을 해 본다. 3천m가 넘는 산이라고 한다. 더 있다고 한다.

머리엔 목적의식만 꽉 들어찬 채 손에 땀을 쥐고 시작한 여행 중에 이런 관광을 할 줄은 꿈에도 몰랐지만, 나는 여기서도 살짝 행복을 느껴 본다.

다다미방으로 안내된다. 탁자 앞에 앉아 조금 기다리니 일본 고유 의상(하오리)을 입은 여성이 무릎으로 기어와서 차를 따라 준다. 밥과 반찬이 아주 조금씩 여러 번 나온다. 고급 식당이었던 것 같다. 도쿄 첫 번째 호텔에서 밥을 통째로 놓고 먹어서 종업원을 당황케 한 실수가 생각난다. 나는 뒤에 이곳에 올 때마다 이 집에서 식사 한 번씩 한다.

몇 군데를 더 구경시켜 준다. 내일이 가까워지면서 내 머릿속에선 내일 전략 짜기에 분주하다. 그분한텐 미안하지만, 구경은 건성이다.

다음 날 아침이다. 어제 예약한 앰플 기계공장에 가야 한다. 고속도로로 가도 세 시간 거리라고 한다. 뒷자리에 타란다. 장시간 운전이 힘들다며 한 사람 더 데리고 간다. 이 사람도 교포다. 도중에 휴게소에서 차 한잔하며 이 사람도 서울이 궁금한지 많은 걸 물어본다.

수고 끝에 도착한 곳은 오사카 변두리에 있는 기계 공장이었다. 한국에서 기계를 사러 온 사람이라고 사장에게 나를 인계하고 그분들은 돌아갔다. 사장은 거의

60대쯤인 것 같고, 젊은 종업원 몇 사람이 기계를 만들고 있다. 여기서는 짧은 영어가 통하리라 생각했지만, 전혀 아니다.

사장의 안내로 만들어진 기계를 돌아봤다. 생각보다 더 발전된 자동 기계다. 말이 안 통하니 손짓, 발짓, 눈짓으로 겨우 소통하고 있는 거다. 내가 가지고 있는 기계는 이 사람들 기계화 초창기의 것이었던 것 같다. 기계 한 번 동작에 앰플 두 개가 나온다. 속도는 3초다. 지금 내가 여기서 보고 있는 기계도 같은 속도다. 한 번 동작에 20개가 나온다. 우리 기계의 10배다. 예상은 했지만 이렇게까지 일 줄은 몰랐다. 놀라는 내 모습을 보고 사장은 신이 난다. 뭘 열심히 설명하지만, 나는 알아듣질 못한다. 답답했는지 나더러 자기 차에 타란다. 얼마를 가서 어느 공장 앞에 세우고 기다리라면서 2층으로 올라간다.

'도요가와유리공업주식회사(豊川硝子工業株式會社)'라는 큼직한 간판이 보인다. 유리공장이다. 나는 그 기계로 앰플을 생산하는 현장을 보고 싶은 간절한 생각에 '혹시 이 공장이 아닐까?' 기대하고 있었다.

조금 기다리니 두 사람이 내려온다. 몸이 날씬한 초로(初老)의 노인이다. 이 사람, 차 문을 열더니 경상도 사투리로 말한다.

"서울서 왔시미까?"

의외이지만 아무튼 나는 반갑다. 내리라고 하고 기계 사장을 보낸다. '이 사람 나한테 맡기고 너는 가라'인 것 같다. 따라서 2층으로 올라갔다. 자그마한 사무실에 책상 두 개가 있고, 사장실이 따로 있다. 권하는 대로 앉아 있으니 여직원이 차를 가져온다. 수인사하고 명함을 교환했다. 정통 앰플 생산회사다. 우리 회사의 상황과 시설을 설명 듣고 자기가 앰플 회사를 하기 전 직원으로 있을 때 그 회사에서 써 봤고, 일본에서 앰플 기계화 초기의 기계라고 한다. 미루어 짐작으로 알고는 있었지만, 이분의 증언으로 내가 가지고 있는 기계의 출생지와 주소를 알게 된 것이다. 6년 동안이나 이 기계를 돌리면서 내가 개척자라고 하고 다닌 게 좀 부끄러운 생각이 살짝 든다. 공장에 들어가 보잔다. 기계공장에서 본 기계 여러 대가 돌아간다.

한 번에 20개가 나오는 게 아니고 앰플이 쏟아진다는

표현이 맞을 것 같다. 나는 가슴은 설레고 눈은 바쁘다. 예상을 초월한 상황을 나는 보고 있는 것이다. 내 눈은 불이라도 튀어나올 듯 예민했을 게다. 나는 무아지경으로 기계를 관찰하고, 위에서 유리관이 익어 앰플이 되어 나오는 상황을 관찰하며 발이 바닥에 붙어 있었던 것 같다. 그분은 옆에서 나를 관찰하고 있었던 것 같다.

사장실에 와서 시원한 물 한 잔 마시니 정신이 번쩍 든다. 이 양반 앰플 얘긴 접어두고 한국 발전 상황, 서울 상황 등 궁금 보따리라도 끌러놓은 듯 계속 묻는다. 진주를 아느냐고 한다. 안다고 하니 고향이란다. 퇴근 시간이 되어 호텔을 묻는다. 아차! 호텔 예약을 또 잊었다. 가까이 있는 호텔이 도요 호텔이라며 전화해 본다. 없다고 하는 모양이다. 조금 생각하더니 그럼 오늘은 자기 집으로 가잔다. 나는 염치 불고다. 두 분이 사는 집인데 상당히 크다. 마당도 넓다. 부인에게 나는 공손히 인사를 했다. 손짓으로 들어오라고 한다. 한국말을 전혀 못 한다. 이븐 일본 사람과 결혼해서 귀화했다는 걸 뒤에 알았다. 다다미방이다. 그날 내가 잘 방이다.

저녁을 먹고도 이 양반 궁금 보따리가 아직 남아 있

는 모양이다. 그런데 이 양반 묻는 게 여간 구체적이지 않다. 정치, 경제, 새마을 운동이 농촌을 크게 발전시킨다는 평가까지 매우 똑똑한 사람이란 생각에 나도 정신 바짝 차리고 대화를 했던 기억이다. 한국 발전에 대해 매우 긍정적이고 고맙게 생각한다고 했다. '이 사람도 일본에 사는 한국 사람임에 틀림이 없구나!' 하고 생각했다.

나는 운이 매우 좋은 사람인 것 같다. 상황에 밀려 어떻게 전개된 것이지만 도요가와유리공업을 만나 앰플 공장을 충분히 잘 봤고, 그 사람 집에서 신세까지 지는 인연을 맺었으니 말이다. 내가 여기 온 목표 두 개 중 하나가 해결된 것이다. 이게 둘째 목표다. 첫째 목표인 바이알 문제는 여기 오게 된 동기의 목표다. 이는 아직 접근도 못 하고 있다.

다음 날 이분 골프 약속이 있어 간다며 나더러 어떻게 하겠냐고 한다. 택시 탈 수 있는데 내려주면 호텔로 가겠다고 했다. 이분과는 여기서 인사를 하고 헤어졌다. 나는 택시로 도요 호텔에 왔다. 오사카역에 가까이 있는 비즈니스호텔이다. 오전 11시 경쯤이었던 것 같다.

프런트에 갔더니 예상대로 방이 없단다. 가장 빠른 게 오후 2시에 있다고 해서 일단 예약하고 짐을 맡겼다. 서너 시간 시내를 구경할 수 있는 시간이다. 경험했기에 이번엔 호텔 위치를 확실히 파악해 둔다.

호텔 밖에서 바로 내려가니 엄청나게 큰 지하상가다. 오사카역까지 통하는 것 같다. 점심시간이어서인지 젊은 사람들이 등받이 없는 의자에 앉아 우동을 먹는 간이식당이 있다. 나도 차례를 기다려 빈자리에 앉았다. 묻지도 않는다. 잠시 후 넉넉한 대접에 우동 한 그릇과 단무지가 깔끔하게 나온다. 점심 충분히 먹었다.

지하상가를 구경한다. 꺾이는 지점에선 징표를 메모하면서다. 크기도 크지만 보기에도 깔끔하게 진열된 물건들에 내 눈이 호사한다. 없는 게 없을 것 같다. 나는 지금 선진국의 물질적 수준을 경험하고 있는 거다. 구경하며 걷는 걸음이니 빠르진 않지만 그래도 세 시간은 돌아다녔는데도 지하상가의 끝을 본 기억이 없다. 지하상가의 크기를 짐작게 한다. 호텔로 돌아간다.

메모해 둔 지표를 보며 가니 별로 어려움은 없다. 그

우동 가게를 지나 좀 더 가니 '도요 호텔'이란 표지가 보인다. 나도 이젠 손에 땀을 쥐지 않는다. 며칠 사이에 훈련이 좀 된 것 같다. 요건은 불안이 없기 때문이다. 일본이 선진국이어서라면, 다른 선진국도 다 그런지는 나는 모른다. 가 본 경험이 없어서다. 우리나라도 선진국이 되면 이럴 것이란 희망도 가져 본다.

방이 매우 깨끗하다. 여장을 풀고 목욕부터 하고 나니 피로가 확 풀린다. 좀 쉬었다가 내려가 저녁을 먹는다. 도쿄에서처럼 밥통째 먹는 실수는 없다. 나는 지금 잘 먹고 구경 잘하고 이 깨끗한 호텔 방에서 뒹굴뒹굴하고 있다. 상팔자가 따로 없다. 일요일이어서인지 내려다보이는 시내 거리는 조용한 것 같다. 하지만 내 머리와 가슴은 복잡하고 답답하기만 하다.

나를 여기 오게 한 첫 번째 목적엔 아직 접근도 못 한 채 머리만 굴리고 있어서다. 이 바이알의 문제에는 전략적 접근이 필요하다는 생각에서다.

'당신이 이 기계를 판 한국유리에서 기계가 잘못됐다고 한다.' 이 말을 던졌을 때 상대방은 기계가 잘못되지 않았다는 것을 확인시키려 할 것이 당연하다. 나는 기계의 진위를 확인하러 온 게 아니다. 애당초 나는 기계가 잘못됐다고는 생각하지 않는 사람이다. 만일 서 있는 기계를 보여 주며 확인하라고 하면 나에겐 의미가 없다. 기계가 바이알을 물이 흐르듯 만들어 가는 상황을 보는 것이 내 목적이기 때문이다. 일본에선 특히 중소기업에서 공장과 기술을 절대로 안 보여 준다는 선입견을 나는 가지고 있어서이다. 아무튼 내일 그 회사와 접촉을 시도할 예정이다.

다음 날 아침 9시에 예약한 통역이 왔다. 내 의도를 설명해서 인식하게 하고 10시에 그 회사에 전화했다. '일전이화학기초자(유리)공업주식회사(日電理化學器硝子工業株式會社)'다. 당신네 회사가 한국의 한국유리에 판 바이알 기계를 가지고 있는 사람이다. 상의할 일이 있어서 왔다고 하니 내가 있는 호텔과 호실을 확인하고 연락해 주겠다고 한다.

전화가 왔다. 그런데 매우 격한 목소리다. 당신이 누군데 그 기계를 가지고 있느냐, 당장 호텔로 갈 테니 기다리라고 한다. 매우 성이 나 있는 것 같다고 한다. 통역의 말이다.

나는 곰곰이 생각해 본다. 이 사람이 왜 성을 낼까? 한국유리에서 기계를 잘못 만들어 판 나쁜 사람이라고 한 말을 이 사람이 알고 있는 게 아닐까? 그렇다면 나에겐 유리한 국면이 될 수도 있겠다고 생각하며, 할 얘기를 구상하고 있었다. 오래 기다리지 않았다. 한 시간 남짓, 두 시간은 채 안 된 것 같다. 노크하고 들어온 사람은 의외로 70대로 보이는 노인이다. 돌아오자마자 선 채로 나를 손가락으로 가리키며 말한다.

"당신 한국유리에서 왔느냐? 누군데 그 기계를 가지고 있느냐?"

이분 매우 격분해 있다. 통역과 나는 자리에 앉기를 권했다. 이 양반 앉자마자 한국유리 사람들이 자기를 도둑놈이라고 했다며 입에 거품을 문다. 억울해서 분을 참을 수가 없는 것 같다. 나는 진정되길 조금 기다렸다가 조용히 입을 연다.

"나도 들었습니다. 하지만 나는 값을 주고 그 기계를 한국유리로부터 샀습니다. 그들의 말을 믿었다면 그 기계를 샀겠습니까? 그리고 8개월 이상 9개월째 그 기계로 바이알 생산 가동을 위해 내가 할 수 있는 최대한의 노력을 하고 있습니다만, 될 듯 말 듯 안 됐다를 반복할 뿐 제대로 되질 않습니다. 내가 아직도 무엇인가를 잘못하고 있는 건지, 믿고 싶진 않지만 혹시라도 한국유리에서 말하는 기계의 문제는 없는 건지? 고민한 끝에 이렇게 달려왔습니다. 나는 한국에서 기계로 생산하는 유일한 앰플 공장을 하는 사람입니다. 이 기계도 일본 기계입니다. 이 경험을 바탕으로 3개월이면 될 거라는 생각이었지만, 9개월째 땀 흘리고 있습니다. 이 기계 위를 자동으로 바이알이 만들어지면서 물 흐르듯 흐르는 모습을 상상하면서요."

조용히 시작한 이야기지만 내 말엔 점점 힘이 실린다. 이분의 얼굴에 이미 노기는 사라졌다. 자기가 화풀이할 상대가 아니라는 것을 확실히 인식한 것 같다. 탁자 위에 가지런히 놓인 기름때 낀 내 손과 얼굴을 번갈아 쳐다보며 잠시 침묵이 흐른다.

내 눈을 똑바로 보며 "기계가 잘못됐는지, 아닌지 보면 알겠는가?" 하고 묻는다. 나는 2~3초 침묵 뒤에 대답한다.

"다른 것을 알기는 어려울 것 같습니다만, 똑같은 것을 알기는 쉬울 것 같습니다. 기계에 붙어 땀 흘린 세월이 9개월이니까요! 여기 오기 전날까지 붙어 있었습니다. 내가 원하는 건 간단합니다. 내가 가지고 있는 기계와 똑같은 기계가 정상적으로 바이알을 생산하는 모습을 보고 싶은 것입니다. 기계를 만드셨으니 그 기계가 잘 가동되기를 바라실 것이라 생각합니다."

이분 잠시 생각하더니 통역을 향해 내일 10시까지 자기 공장으로 오라며 자리에서 일어난다. 내가 이분에게 한 이야기는 간절한 요구였다. 나는 어떻게 해서든 그것을 보고 가야 한다. 바로 내가 여기 온 주목적이기 때문이다. 그런데 그분 좋다던가, 알겠다던가 확실한 대답 없이 오라고만 하고 갔다. 조금 걱정은 되지만 긍정적인 쪽으로 마음을 정리하고 통역을 보냈다.

시모시타 에이타로(霜下英太郎) 사장이다. 이분은 완전 친한파(한국을 좋아하는 사람)다. 2년 뒤 두 번째 일본에 갔을 때 왜 그때 확실한 대답을 못 했는지도 알게 되었다. 두 번째 방문 때는 내가 일본말로 비즈니스에 지장이 없을 정도였다. 일본에서 선진을 배우려면 말이 절대 필수라는 절실한 생각에 죽어라 하고 열심히, 정말 열심히 공부해서다. 그 양반 70이 넘어서 공장 경영권을 아들에게 넘겨줬을 때다. 그 아들은 한국을 매우 싫어하는 혐한파였던 것 같다. 나를 상대도 안 하려고 할 정도였다. 시모시타 사장은 제정 때 우리나라 용산 어디즈음에 최초의 유리공장을 했고, 함께 일했던 영특하고 예의 밝은 제자들을 보고 싶다고 해서 우리 회사 식당에서 재회 행사를 해 주기도 했다.

다음 날 아침이다. 약속대로 8시에 통역이 왔다. 함께 고베로 출발했다. 그 회사가 있는 곳이 고베라는 항구도시이다. 오사카에서 그리 멀지 않다. 전철역에 내려서 시간이 남아 있기에 통역과 차 한잔하고 10시에 정확하게 도착했다.

이분 공장 정문에서 기다리고 있었다. 어제와는 다른 모습이다. 친절한 느낌까지 받았다. 사장과 두 사람이 나를 공장 안으로 안내한다. 공장문에서 4~5m 안쪽에 바이알 기계 한 대가 돌아가고 있다. 나는 설레는 가슴으로 그 기계 앞에 선다.

자동으로 만들어지는 바이알이 기계 위를 흘러간다. 내가 상상하던 모습이다. 사람 몇 명이 공장 안쪽에 있을 뿐, 이 기계는 완전 자동으로 혼자 돌아간다. 기계 앞에 서서 바이알이 만들어지는 광경을 응시하는 순간, 내 눈으로 기계 전체가 확 빨려 들어오는 느낌을 받는다. 발은 바닥에 붙어 있고 눈은 기계에 붙어 있는 채 나는 무아지경에 빠진다. 1분이었는지, 2분이었는지는 모른다. 아무튼 짧은 시간이었다.

기계 구조를 보라며 사장이 나를 민다. 한두 발짝 버티고 밀리면서도 눈은 기계에 붙어 있다. 뒤에 생각해 보니 고개를 돌린 채 버티고 밀리던 모습이 좀 창피했을 거란 생각도 들었다. 조금 돌아보는 척했지만, 내 머리와 눈에는 방금 본 만들어지는 광경이 꽉 들어차 있어서 다른 생각이나 보는 것들이 들어갈 틈이 없다.

다 봤느냐고 한다. 공장을 더 보여 줄 수 없다는 뜻이다. 그리 크지 않은 공장 한가운데 머리에

> "내 머리와 눈에는 방금 본 만들어지는 광경이 꽉 들어차 있어서 다른 생각이나 보는 것들이 들어갈 틈이 없다."

기름을 반들반들 발라 올백을 하고 버티고 서 있던 젊은 사람이 있었다. 뒤에 알았지만, 사장 아들이었다.

사장이 나를 공장 밖으로 이끈다. 조금 뒤 택시가 왔고 기계를 보여 줘서 고맙다는 인사를 하고, 전철역에서 호텔까지 1시간여 오는 동안 한마디도 말하지 않은 것 같다. 내 눈과 머릿속에서는 그 기계가 바이알을 만드는 광경이 계속 재연되고 있을 뿐이었다.

호텔에 도착해서 수고했다는 인사와 함께 통역을 보낸다. 그리고 노트에 생각을 대강 정리한다. 이젠 빨리 돌아가는 일이 바쁘다. 가서 내 기계로 여기서 본대로 바이알을 만들어 낼 수만 있다면 여기 온 목적이 100% 성공하는 것이고, 우리나라에서 또 하나의 개척자가 되는 것이다. 공항에 전화를 걸었더니 다행히도 내일 자리가 있다고 해서 예약했다.

다음 날 아침 호텔 1층 식당에서 아침을 먹는다. 도쿄에서 밥을 통째로 놓고 먹던 생각이 난다. 손에 땀을 쥐고 출발했지만, 9일간의 여행을 무사히 마치고 목표도 달성했으니 스스로 대견하다는 생각과 조금은 아쉽다는 느낌도 있다. 하지만 나는 바쁘다. 눈과 머릿속에 꽉 차 있는 것을 한시라도 빨리 풀어내야 하기 때문이다.

9일은 정해 놓은 시간이 아니었다. 될 때까지 하다 보니 걸린 기간일 뿐이다. 많은 걸 경험했고, 많은 걸 보고 배웠다. 무엇이 선진인지도 보았다. 반드시 가야 할 길이다.

그날 오후 3시쯤 김포공항에 도착한다. 내려서 땅을 밟는 순간, 그렇게 반갑고 다행일 줄이야. 미처 몰랐던 감정이다. 잠시 떠났다가 다시 밟는 내 나라 땅인데도 눈물 날 만큼 반가웠던 그때의 감정이 지금도 생생하다. 결코 쉬운 여행이 아니었다는 의미였는지도 모른다.

그 긴긴 세월 타국에서 독립운동을 하시던 선열들이 해방을 맞아 조국 땅을 밟으시고 엎드려 입 맞추며 엉엉 울었다는 이야기가 감히 생각났던 기억도 있다.

4시가 좀 넘었을 것 같다. 나는 택시를 타고 공장으로 가고 있다. 이미 공항에서 작업 준비 지시를 해놓은 터다. 어제 본 광경을 되새겨 볼 뿐 다른 생각은 없다.

원인 없는 결과는 없다

공장에 도착해서 윗도리만 작업복으로 갈아입은 채 준비된 기계 앞에 선다. 불을 붙이고 어제 본 대로 조립한다. 기억을 더듬을 것도 없다. 워낙 단단히 넣어둔 터라 그대로 꺼내서 쓰고 있다.

준비된 유리관을 통과시킨다. 거짓말같이 바이알이 성형되어 흘러간다. 내 뒤에 사원들이 둘러서 있다. 잔뜩 긴장하며 쳐다보던 이들이 하나같이 동시에 박수를 쳐댄다. 나도 흥분하지 않을 수 없다. 물 한 컵을 받아 벌컥 마시며 이들과 마주 서서 힘찬 앙천대소를 하며 "감사합니다."를 댓 번은 있는 힘을 다해 외쳤다. 다시 박수가 나오며 나를 끌어안고 펄쩍 뛰는 사람도 있다.

기계를 세웠다 다시 해 보기를 서너 번은 한 것 같다. 실은 나도 놀랐다. 아무리 잘 봤다고 해도 단번에 이렇게 되리라고 생각지 못했기 때문이다.

날이 어두웠다. 저녁 10시쯤 뒷정리를 지시하고 퇴근

한다. 택시 안에서 곰곰이 생각한다. 어저 본 것과 오늘의 결과다. 결코 우연일 수는 없다. 무엇인가 충분조건이 충분히 이루어졌을 때만 얻을 수 있는 결과였을 거란 생각과 동시에 택시가 집 앞에 선다.

집사람의 "아빠다-" 소리에 아이들이 "아빠다-" 소리치면서 뛰어와 안긴다. 집보다 더 좋은 곳은 없다. 피로는 말끔히 씻어졌고, 모든 생각도 내려놓으니 행복하기만 하다. 좀 늦었지만, 집사람이 챙겨 준 저녁을 맛있게 먹는다. 밥을 통째로 놓고 먹었단 얘기에 집사람이 깔깔 웃으며 "얼마나 창피했을까?" 한다.

나는 이틀 전 일본 고베의 바이알 공장에서 경험한 일들을 정리한다.

① 기계 앞에 서서 바이알이 아주 정상적으로 만들어지는 것을 보는 순간 기계 전체가 내 눈으르 빨려 들어오는 것을 느꼈다는 것

② 짧은 시간이지만 발은 바닥에 붙은 채 기계를 응시하는 동안 무아지경이었다는 것

③ 자동으로 바이알이 만들어지면서 기계 위를 흘러가는 모습은 내가 우리 기계에 붙어 땀을 흘린 3단계 때 상상하던 것과 똑같다는 것

9개월이라는 짧지 않은 시간 몰두하며 흘린 땀의 내 실력이 거의 완성 단계에 와 있었기에 할 수 있는 경험이 아닌가 싶다.

내가 노력한 기간을 1, 2, 3기로 나누어 말한다면 1기는 기계 구조를 파악하는 데 열심이었고, 2기는 버너에 불을 붙여서 기계 가동을 해 봤고, 3기에는 관유리를 투입하며 열심히 했지만 안 되어서 일본에 갔던 거다.

비싼 관유리를 아끼느라 3단계로 나눠서 했다. 한국유리는 자기네가 생산하는 품목 중 하나고, 형광등 회사는 부자지만, 나는 형편이 그들에 미치지 못해서다.

처음에는 진인사대천명(盡人事待天命)이란 성어를 입에 물고 나를 채찍질했다. 나는 진정 '진인사'하고 있는가? 중기, 즉 시작 6~7개월쯤 해서는 '정신일도하사불성(精神一到何事不成)'이란 성어를 입에 담고 나를 더욱 채찍질한다. 나는 지금 '정신일도'하고 있는가?

시작 7~8개월쯤 해서는 내가 흘리는 땀에 대해 의아하게 생각하는 사람들이 생기고 있다는 것을 나는 짐작한다. '안 되는 걸 가지고 저러는 게 아닌가?' 생각하는 사람도 있다는 걸 나도 안다. 하지만 내 노력과 생각엔 조금의 변화도 없다. 나는 거의 다 왔다는 생각을 가지고 있기 때문이다. 내 감각으로는 안 되는 게 아니라 될 듯, 될 듯한다. 에디슨이 전구를 발명할 때 했다는 이야기다.

"아흔아홉 번 실패한 게 아니고 안 되는 이유를 찾으니 남은 건 되는 이유다."

나는 계속해야 할 명분과 이유로 이 이야기를 입에 넣고 열심히 하던 어느 날, 불현듯 이 기계가 정상적으로 바이알을 만들어 내는 모습을 한 번만 보면 되겠다는 생각을 한다. 그리고 다음 날부터 일본에 갈 준비를 시작한다.

그렇게 해서 일본에 가게 되었고, 거기서 딱 한 번 보고 와서 만들어 낸다.

보는 순간 눈으로 쫙 빨려 들

> "그렇게 해서
> 일본에 가게 되었고
> 거기서 딱 한 번 보고 와서
> 만들어 낸다."

어오는 느낌을 경험한 것은 지금 생각해도 내 인생에 전무후무한, 딱 한 번 그때 거기서만 느꼈던 경험이다.

원인 없는 결과는 없다. 나의 무엇이 그때 나를 그렇게 되게 했을까? 그 공장에 가서 기계 앞에 서는 것까지는 내 의지로 한 것이다. 그러나 보는 순간 빨려 들어오는 것과 동시에 잠시 무아지경에 빠진 것은 한 것이 아니고 된 것이다. 그때 내 눈은 비유한다면 공중에서 지상의 먹이를 찾은 매의 눈이 아니었을까 싶다.

도를 닦는다고 모두 득도하는 것은 아니다. 득도하는 사람도 있다는 얘기다. 감히 생각해 보기도 한다. '정신일도하사불성'을 입에 담고 땀을 흘렸다. 과연 나는 정신일도를 한 것인가? 지극히 주관적인 개념이어서 남에게 얘기할 수는 없지만, 그동안 기울여 온 내 노력 위에 '정신일도'가 있어서 나를 되게 했다고 생각한다.

5년 전, 기계로 규격 앰플을 국내 최초로 만들어 공급함으로써 주사제약산업 생산 방법의 현대화에 절대 조건을 해결한 데 이어, 이번 관 바이알(tube vial) 또한 국내 최초로 만들어 냄으로써 개척자로서 자부심을 갖는다.

앰플의 경우는 이미 수동 제조 앰플을 쓰는 시장이 있

어 우리 앰플로 바꾸는 데 급급했지만, 바이알은 전혀 달랐다. 선진국에서는 구바이알에서 바뀐 지가 언젠지는 몰라도 현재는 이 바이알밖엔 없는 시절임에도, 아무리 우리나라가 후진국이었지만 그래도 당시 돈 잘 벌고 잘 나간다던 그 많은 대소 제약회사 중 이 바이알의 존재를 아는 사람이 한 사람도 없다는 사실에 나는 경악하지 않을 수 없었다.

'우공이산'이란 말이 있다. 내가 만일 시장 조사를 먼저하고 이 사업을 하려고 했다면 아마도 하지 않았을 것 같다. 선진, 후진을 실감 나게 느껴 보지만, 실은 당시 우리나라 제약산업 수준에서는 이 바이알이 전혀 필요 없는 것이었으니 알아야 할 이유도 없었을 것이다.

두 번째 일본행

바이알은 하나도 못 판 채 2년이란 세월이 흘렀다. 나는 그동안 매우 열심히 일본어 공부를 했다. 통행금지가 4시에 해제되면 일본어 선생님이 6시가 되기 전에 우리 집 대문 벨을 누른다. 눈을 비비면서 열심히 했다. 일본 갔을 때 절실히 다짐했던 바였다.

이번엔 호텔도 예약하고 도요가와유리공업주식회사 사장과 바이알 회사인 시모시타유리공업주식회사 사장에게 요샛말로 '컨펌'도 다 받아놓고 두 번째 일본에 간다. 보고 온 최신 앰플 자동 기계를 잊은 적이 없다. 이 기계를 사기 위해 2년 동안 열심히 모아놓은 돈도 있다. 이게 첫 번째 목적이다. 시모시타 사장이 일본에서 바이알 개척자라고 하니 개척 당시 판매는 어떻게 했는지 지금 내 처지에 대해 조언을 구해 볼 생각이 두 번째 목적이다. 세 번째로는 손에 땀을 쥐고 갔던 나가노현 마쓰모토시에 다시 가 보고 싶은 생각으로 간다.

도요가와유리회사에 들려 도요가와 이치로(豊川一郞) 사장에게 일본말로 정중히 인사를 하고 지난번에 고마웠다고까지 한다. 이 양반 놀란 눈으로 입을 벌린 채 잠시 나를 쳐다보더니 "뭐야, 저번엔 한마디도 못 하더니 잘도 말하네!" 하더니 그제야 일어나서 악수를 청하며 앉으란다. 변호사 하는 이분의 큰아들과 내가 동갑이라는 것도 이때 알게 되었다.

사고자 하는 기계를 이 회사를 통해서 사기로 했다. 물론 기곗값은 10% 이상 비싸지겠지만, 선진 일본의 기술도 배우고 필요할 때 언제든지 드나들 수 있는 통로로 이 회사가 필요했기 때문이다.

이후 기계는 한두 대 더 샀을 뿐이지만 우리 앰플이 선진을 육박하는 데 그리 긴 시간이 걸리지 않은 것은 이 회사의 기여가 절대적이었음을 인정하지 않을 수가 없다.

1980년대 중반 O.P.C(One Point Cut) 앰플 이야기다. 주사하기 위해 앰플을 커트할 때 발생하는 유리 분진을 극소화한 앰플이다. 1970년대 초 사회적인 문제로 대두되면서 선진국에선 머리를 싸매고 있을 때 일본이 먼저 개발해 세계 특허와 원천 기술을 가지고 있었다. 유럽 선진국에선 선망하지만, 특허 때문에 못 하고 있을 때다.

나는 장사 한 번 제대로 해 볼 욕심과 세계에서 두 번째로 선진국에 앞서 쓰는 나라가 되고 싶은 욕심에 특허권을 가지고 있는 일본 앰플 조합과 교섭에 나선다. 특허가 3년 조금 더 남아 있을 때였다. 만드는 기계를 비싼 값에 사주는 조건에 일본은 물론, 외국에 수출하지 않는다는 조건을 추가했음에도 잘 안 될 때 도요가와 사장의 도움을 얻어 타결한다.

일본을 두 번째 가는 두 번째 목적이다.

바이알 회사 시모시타 사장을 고베로 가서 만나기로 한 것은 오사카 도착 이틀 뒤다. 오던 날 일찍 도착해서 점심도 함께하고 비즈니스 하는 데도 충분한 시간이었다. 일본이 참 가깝다는 생각, 가까이에 선진국이 있어 다행이라는 생각 등 손에 땀을 쥐고 다녔던 첫 번째와는 너무 다른 여유와 분위기를 느낀다.

두 번째 왔다는 것보다 충분치는 못해도 의사소통에 큰 불편이 없을 정도로 내 일본어 실력을 향상해 왔기 때문이란 생각이다. 졸면서 공부한 2년의 수고 결과를 보며 느끼는 기분도 아주 좋다.

다음 날은 시티 투어에 나선다. 나 혼자다. 지금 생각하니 대담한 발전이었다. 기억에 남아 있는 곳은 오사카성이다. 도요토미 히데요시가 이곳에서 일본을 통일하고 1592년 임진왜란을 일으킨 발원지다.

다음 날 고베에 간다. 바이알 회사 사람을 만나기 위해서다. 호텔에 도착하여 손목시계를 보니 약속 시간보다 조금 이른 시간이다. 커피숍에 가서 나는 깜짝 놀랐다. 미안한 생각도 들었다. 좀 더 일찍 올 걸 그랬다는 생각에서다. 이 양반이 먼저 와서 나를 기다리고 있었다. 전혀 생각지도 못한 일이다. 70대 중반의 연세다.

다가가니 나를 인식하고 일어서며 악수를 청한다. 나는 지난번 노기등등하던 그때 이분의 얼굴과 지금 나를 맞아 주는 얼굴이 교차하면서 잠시 어리둥절했지만, 아무튼 고마운 생각이었다. 만나자고 한 것은 나지 그쪽이 아니었다. 자문을 구해 보려는 것은 만났을 때 얘기할 생각이었고, 공장을 한 번 더 보여 달라는 것이 내 요청이었다. 그땐 좋다고 오라고 했던 것이다.

오늘 처음 볼 때 악수하며 오느라고 수고했다는 인사를 나에게 했다. 물론 일본말로다. 나보다 먼저 와주셔서 고맙고 미안하다며 “그동안 안녕하셨습니까?” 인사를 일본말로 했더니 이 양반 눈이 동그래지면서 놀란다.

내가 일본말을 하니 이런저런 얘기를 많이 할 수 있었다. 그런데 이 양반 공장에 가자는 말을 안 한다. 내가 좀 의아하게 생각하는 걸 알아차렸는지 미안한 표정으로 말한다. 공장장이 이분의 큰아들 전무다. 출장을 가서 공장을 못 보여 주게 돼서 미안하다고 한다.

말도 안 되는 구차한 변명을 아들뻘 되는 젊은 나에게 시선을 내리며 할 수밖에 없는 노인의 심정을 헤아리니 오히려 미안하고 안타깝다는 생각이 들었다. 반면 평생 키워 온 회사까지 물려준 늙은 아버지를 궁색한 입장이 될 수밖에 없게 한 괘씸한 아들놈이란 생각도 안 할 수가 없었다.

나는 얼른 화제를 바꾼다. 내 입장을 설명해 드린다. 생산은 했으나 팔 데가 없다. 2년 동안 하나도 못 팔았다. 이 바이알의 존재조차 모르니 써 보려는 곳도 없다. 일본은 처음 개발했을 때 어떻게 팔았는지를 물었다.

"사장님이 일본에서 이 바이알을 개발하신 분으로 알고 있습니다."

개발자라고 하는데 어깨가 으쓱하지 않을 수가 없다. 나도 한국에서 마찬가지다. 이 말에 나도 이 길에 들어선 것이 아닌가?

이 양반 금방 태도가 달라진다. 힘이 실린 목소리로 개발 당시의 이야기를 영웅담처럼 말한다. 그때 "판로는요?" 하고 내가 끼어든다. 그제야 이분 잠시 눈을 깜박하며 기억을 되살린 듯 묻는다.

"동물 약품회사가 한국에 있는가?"

몇 개 있다고 알고 있고, 그중 한 회사와는 앰플을 거래하고 있다고 했다. 그러면 동물 약품회사에 가 보라. 그중 백신을 만드는 회사가 있을 수 있다. 있다면 거기가 이 바이알이 꼭 필요한 곳이다.

요컨대 이런 것이다. 당시 우리나라 인체 약품회사들의 수준으로는 인체용 백신을 만든다는 건 언감생심이었을 때다. 알다시피 백신이란 어느 질병의 생균으로 만들어 인체에 적당한 생균을 투여해서 세균 또는 바이러스가 침입했을 때 싸워 이길 수 있는 전투력(면역)을 제고하는 개념. 이 정도의 설명이 내 실력의 다다. 위험하고 어려운 기술이었기 때문이다.

반면 동물 약품회사는 청정 지역에서 양계해서 얻은 달걀에 균을 주입 번식시켜서 그 균으로 백신을 만드는 개념이다. 여기서도 이 정도밖엔 설명을 못 한다.

여기에서라고 위험이 없는 건 아니다. 사육하는 농가 입장에서 몇 마리 또는 몇십 마리가 희생되더라도 창궐할지도 모르는 전염병을 예방하는 것이 이익이기 때문이다.

이것이 사람과 동물의 차이다. 동물은 손익의 차원에서 가치가 결정되지만, 사람은 존엄이란 절대 기준하에서만 가능하기 때문이다. 한참 뒤에 내 일과 관련된 문제라 공부해서 머리에 정리해 둔 바다.

본론으로 돌아가서 시모시타 사장님의 코치가 마음에 와닿는다. 이야기를 들으면서도 빨리 가서 해 봐야겠다는 생각에 분주해지는 마음이다.

실은 이 양반이 약속 장소에 먼저 나와 나를 기다린 이유가 공장을 못 보여 주게 된 미안함도 있었겠지만,

그보다 더 큰 이유가 있었다는 걸 알게 된다. 나한테 부탁이 있었던 거다. 듣고 보니 이 양반 친한파일 수밖에 없었다는 것도 알게 되었다.

해방 전 서울 용산 어느 곳에서 한국 최초로 유리공장을 했다는 것이다. 그때 함께 일했던 한국 사람 종업원들이 보고 싶으니 좀 찾아줄 수 없느냐는 부탁이었다. 한국 사람들은 똑똑해서 가르쳐 주는 기술을 빨리 배우더란다. 자기는 선생이고 그들은 제자라며, 제자들이 보고 싶다는 거다. 한국 최초의 기술자들이니 지금은 유리공장을 하고 있을 거란다. 이분 용산에서 공장을 할 때 부인과 함께 이주해 살면서 제자는 물론, 그 부인들도 아주 예의 있게 잘해 줘서 그때가 행복했다며 지금도 부인이 종종 얘기한다고 한다.

생각건대 당시라면 이분 대접을 못 받을 이유가 없다. 일본 사람이지만 관리자로 온 것도 아니고, 사업을 해서 돈을 벌려고 한국에 와 경성, 용산이란 곳에 자리 잡는다. 이 사람이 하려는 사업이 유리공장이다. 공장을 짓고 필요한 부대시설을 하기까지 많은 투자를 했을 것이고, 종업원을 모집해서 공장을 가동한다. 투자해서 일자리도 주고 기술까지 전수해 주니 얼마나 고마운 사람인가. 지금도 이런 사람이 있다면 환영과 우대를 한다.

당시 용산은 벌판이었을 거다. 지금도 유리공장은 넓은 대지가 필요한 사업이다. 용광로가 있어서 주야로 가동해야 하는 공장이다. 통근이 어려웠을 터이니 종업원들이 공장 주변에 거주했을 것이고, 이분도 가까이에 살면서 종업원 가족들한테도 상전 대접을 받으며 우리 민족 고유의 정서인 정(情)을 느끼고 살지 않았나 싶다.

지금 봐도 이분은 인성이 좋은 사람 같다. 이 사람들이 하는 유리와 내가 하는 유리는 완전히 다르다. 나는 용광로가 없다. 찾으면 알겠지만 지금 내가 아는 사람은 없다.

찾아주기로 약속한다. 고베 특산물이라며 맛있는 점심을 먹고 헤어진다.

마쓰모토에 놀러 가는 건 뒤로 하고, 나흘 만에 서울로 돌아온다. 해야 할 일이 눈앞에 생겼기 때문이다.

나는 동물 약품회사들을 찾아 모조리 방문한다. 바이알 샘플을 주는 건 물론이다. 대부분이 당시 농림부 축

산 정책을 맡아 하던 고위직 공무원 출신들이었고, 나이가 많은 사람들이었다. 이 중 세 회사가 백신을 하고 있다는 걸 알게 되었다.

나는 집중공략을 한다. 공략이라고 해봐야 일본 시모시타 사장에게서 배운 것이 전부다. 우리 바이알로 바꾸면 이익이 많다는 요지다. 그중 우리와 앰플을 거래하고 있는 D사가 있다. 이 회사 사장은 젊은 사람이다. 나와 비슷한 나이였다. 나는 이 사람에게 집중한다.

동물 백신이라고 해도 세균을 다루는 일이니 위험도 있겠지만, 잡균에 오염되지 않는 청정 달걀을 얻는 데서부터 균주를 심어 배양하는 데까지만 해도 어렵사리 시간도 오래 걸린다. 그뿐만 아니라 예민한 생균을 다루는 작업인 만큼, 만에 하나 조건 변화를 주어서 실패한다면 엄청난 손해를 볼 위험 때문에 어떤 변화도 거부하는 이들의 생각을 충분히 이해한다. 더구나 용기를 바꾼다는 건 대단한 변화이니 불가능하다고 생각하는 거다.

나는 D사의 젊은 사장을 설득하는 데 노력한다. 선진국에서 하는 방법이라는 것, 따라서 이런저런 이익이 있다더라고 한 것이다. 며칠 뒤 방문한다. 여러 번째다. 그날은 "한번 해 볼까요." 한다. 쓰던 병과 유리병을 정밀 테스트해 본 바 상당히 좋은 결과라면서, 한 패치 해 볼 터이니 무상으로 병을 달라고 한다. 대단히 반가운 얘기다. 1,000개를 주겠다고 했다.

일주일쯤 됐던 것 같다. D사 사장으로부터 전화가 왔다. 기분 좋은 음색이다. 나도 예감이 좋다. 득달같이 달려간다. 나를 보자마자 벌떡 일어나며 점심부터 먹으러 가잔다. 마침 점심시간이다. 꽤 알려진 일식집에 방까지 예약했던 거다.

둘이 마주 앉자마자 나는 결과가 급해서 어떻게 됐냐고 묻는다. "좋다."라고 하면서 밥 먹고 얘기하잔다.

좋으면 우리 바이알을 쓰면 되는 거지, 이 사람이 왜 이 비싼 점심을 사는지? 좀 의아하면서도 떡 벌어진 점심 한 상을 잘 얻어먹었다.

나와 둘밖에 없는 방인데도 내 앞으로 다가앉으며 누가 들을세라 조용하고 간절하게 말한다.

"그 바이알 우리가 독점 사용할 수 있게 해 줄 수 없소?"

이게 또 무슨 소리인가? 전혀 생각지도 못한 말이 아

닌가! 나를 다시 한번 어리둥절하게 한다.

“그러면 우리가 생산하는 바이알 전부를 당신네가 써 준다는 얘기요?”

그 사람 대답을 못 한다.

당시 세 회사가 만드는 동물 약품 중 이 회사가 절반 이상을 하고 있다고 했다. 그래도 이건 욕심이 너무 과하지 않나? 생각했지만 얼마나 좋은 결과였으면 이런 욕심까지 낼 수 있었을까 생각하니 나도 흐뭇한 마음이다.

잠시 침묵이 흐른다. 이 바이알 개발을 위해 흘린 땀과 피부은 노력이 마디마디 주마등처럼 내 머리를 스친다.

나는 입술에 힘을 꽉 주며, 이 사람을 쳐다본다. 지금 이 사람이 내 바이알 개발 사업이 성공적으로 완료되었음을 나 대신 선언하고 있는 것으로 생각하며 “좋소.”라고 했다.

이 사람 놀라며 입이 귀까지 째진다. 말도 안 되는 욕심에 내가 이렇게 대답해 주리라는 기대는 그리 크지 않은 생각이었던 것 같다.

균이 들어 있는 겔(죽) 같은 액체를 바이알에 담아 냉동 건조 기계에 넣어 건조해서 작은 케이크(떡)처럼 만드는 작업이라고 한다. 여기에서 유리병(바이알)의 규격 불균형 때문에 발생하는 불량률 30% 정도를 감수해 왔다고 한다. 그러니까 100개 생산해서 30개를 버리고도 장사가 됐다는 얘기다. 기막힌 얘기다. 이게 당시 우리나라 이 업계의 현실이었다.

완전 구격화된 우리 바이알로 대체 투입을 했더니 수율 99%(불량률 1%)가 나왔다는 것이다. 현장에 사장도 있었단다. 모두가 놀라서 입이 다물어지지 않았다고 한다. 그래서 이 사장 염치 불고 욕심을 부려 본 건데, 의외로 내가 쉽게 허락하니 이 사람 입이 또 한 번 귀에 걸린다.

동물 약품에 한해서 딱 1년만 허락한 거다. 이 회사가 이미 전체 소비량의 50% 이상을 점유한다고 하니 우리의 지원을 받는다면 점유율 확대는 그리 어려운 일이 아닐 것이고, 나 또한 납득할 생각도 없는 사람들을 더 이상 찾아다니는 수고를 하고 싶지 않아서였다. 이 업계의 전체 양이라고 해도 우리가 생산할 수 있는 양의 작은 일부분이었기 때문이기도 하다.

이 사람은 점심 한번 잘 사고 '빅' 비지니스를 성공했으니 최고로 좋았을 것이고, 나는 '땀의 결정체'라고 할 수 있는 역사적인 이 바이알 개발 사업을 성공적으로 완료했음을 그 결과로 보고 있다. 스스로 장하고 흐뭇함을 느끼지 않을 수 없었다.

5년 전 당신이 해내면 당신이 개척자가 된다는 말에 홀려서 생무지가 자동 앰플 생산의 개척자가 된 이래, 이 바이알 또한 내가 우리나라에서 개척자가 된 것만은 사실이다.

선진국들에선 이 바이알 사용이 이미 필수가 된 지 오래다. 우리는 선진을 지향한다. 나는 그 길목에 서 있는 거다. 준비를 마치고 기회를 기다리고 있는 거다. 얼마나 기다릴지는 나도 모른다. 길 수도, 짧을 수도 있다. 나는 이 기다림에 전혀 조급하지 않다. 오히려 편한 마음, 여유로운 자세다. 이 길은 나뿐만 아니라 우리 모두가 서둘러 반드시 가야 할 길임을 나도 잘 알고 있기 때문이다. 이제 나는 궤도에 오른 앰플 사업을 열심히 하고 있으면 되는 거다.

우리는 선진을 지향한다

세월은 또 흘러 1년쯤 지났을 때다. 당시 제약업계에서 1~2위를 다툴 정도로 잘 나가던 Y 약품이라는 회사가 있다. 이 회사 창업자인 K 사장은 당시 제약업계에서 영어를 유창하게 구사할 수 있는 유일한 사람이라고 들었던 것 같다. 이 양반 유럽에서도 유명한 제약회사의 최신 항생제 한 품목을 들여온다. 당시 우리 제약업계는 개발력이 없을 때여서 신약은 대부분 이렇게 들여올 때였다.

유리병에 액상으로 담긴 항생제였다. 유리병은 우리나라에도 얼마든지 있을 때이니, K 사장 아무 걱정 없이 일을 끝냈을 거다. 막상 들여다 놓고 보니 우리나라엔 없는 유리병이라는 걸 알게 되었다. 외형이든 내용이든 원본과 똑같아야 한다는 조건이었다. 병을 수입하려 해도 당시 허가 사항이어서 쉽지 않았다. 이 회사는 우리 앰플을 아주 많이 쓰고 있는 회사다.

3년 전 내가 어렵사리 일본에 다녀와서 바이알 생산에 성공하고, 유수 제약회사들을 들며 샘플 몇 개씩 주고 바이알의 용도를 찾아 헤맬 때, 관심은 고사하고 개념조차 없던 사람들이 이를 기억하고 있지는 않을 것 같다.

Y 약품회사는 이 거대 품목을 근칭하면서 요즘 말로 일약 '대박'을 예약이라도 한 분위기였을 터에, 의외의 난관에 봉착하게 되었던 것이다. 이 회사 또한 용기에 대한 지식이나 바이알에 대해 아는 바가 전혀 없기는 다른 회사와 마찬가지니 그럴 수밖엔 없었을 것이다.

그런데 이 회사의 생산 관계 사원 한 사람이 수년 전 내가 어떤 바이알을 들고 와서 많은 이야기를 했다는 것을 기억해 내면서 급한 김에 윗사람, 아랫사람이 함께 우리 회사에 달려온 걸 보면 매우 심각했던 것 같다.

우리 회사의 바이알 생산 시설을 보고 내 얘기를 듣고 일단 안도하며 주문을 주고 갔지만, 내가 생산해서 납품할 때까지 마음 놓고 기다리진 못했을 것 같다.

인체 약품에서 처음이고, 대량 발주 또한 처음이다. 나는 3년 전 이 바이알의 개척자다. 기회는 준비된 자의 것이라고 했던가! 나는 긴장과 함께 가치도 조용히 느껴 본다.

우리는 누구나 선진을 지향한다. 작든 크든 하나가 선진화하는 데는 누군가의 결단과 도전과 일궈 내는 땀의 노력이 있었을 것이다.

Y 약품은 이 약(벤부덱스라는 당시 선진 항생제)으로 영업적으로 기대 이상의 성공을 하며 크게 발전하였고, 당시 의료계의 치료에 이 약이 많은 기여를 했을 것이다. 나 또한 많이 발전했고, 그때 내가 있음에 보람도 느꼈다.

서정섭 자서전

개척자의 땀

초판 1쇄 인쇄 · 2026. 2. 12
초판 1쇄 발행 · 2026. 2. 25

—

지은이 서정섭
발행인 이상용 · 이성훈
발행처 청아출판사
출판등록 1979. 11. 13. 제9-84호
주소 경기도 파주시 회동길 363-15
대표전화 031-955-6031 **팩스** 031-955-6036
전자우편 chungabook@naver.com

—

ISBN 978-89-368-1264-5 03320

—

* 값은 뒤표지에 있습니다.
* 잘못된 책은 구입한 서점에서 바꾸어 드립니다.
* 본 도서에 대한 문의사항은 이메일을 통해 주십시오.